渡部昇一「天国での知的生活」と「自助論」を語る

Ryuho Okawa
大川隆法

本書第1章の霊言は、2019年3月13日、幸福の科学 特別説法堂にて、公開収録された。

まえがき

毎年、時々は、渡部昇一先生のことを想う。「昇一先生なら、こんな時に何とおっしゃるだろうか。」時事問題を考える時は、特にそうだ。

本書では、帰天後《きてんご》二年目の霊言だけ発表するつもりだった。「天国での知的生活」だ。これだけでも結構、読み物としては面白く、初めての内容が多い。

しかし、今のコロナ・パンデミックの時代に、本来なら保守系の雑誌に、昇一先生の言論が掲載《けいさい》されているべきなのに、それがないのが悲しい。

ということで読者サービスのため第2章を緊急収録した。私の考えとそう大きくは変わらないとのことで、ほっと安心した。主要論点は、「中国の嘘を許すな」、ということと、「未来は『自助論』にあり」だった。

私も、政府首脳や都知事が、いつの間にか習近平《しゅうきんぺい》化して、統制ばかりしては、金をバラまく話に切りかえるのにウンザリしている。どうやら「国民主権」をお忘れのようだ。

二〇二〇年　五月二十九日

幸福《こうふく》の科学《かがく》グループ創始者兼総裁《そうししゃけんそうさい》　大川隆法《おおかわりゅうほう》

渡部昇一「天国での知的生活」と「自助論」を語る　目次

第1章　渡部昇一《わたなべしょういち》　天国での知的生活を語る

二〇一九年三月十三日　収録
幸福の科学　特別説法堂《せっぽうどう》にて

9 今世《こんぜ》の人生でつかんだもの 106

10 あの世から見た「霊言《れいげん》」の価値とは？　140

11 現代の日本に言いたいこと　152

第2章 渡部昇一 コロナ問題と自助論を語る

二〇二〇年五月二十五日 収録
幸福の科学 特別説法堂にて

4

今、必要なのは「自助論」の精神 220

「霊言現象《れいげん》」とは、あの世の霊存在の言葉を語り下ろす現象のことをいう。これは高度な悟《さと》りを開いた者に特有のものであり、「霊媒現象《れいばい》」（トランス状態になって意識を失い、霊が一方的にしゃべる現象）とは異なる。

なお、「霊言」は、あくまでも霊人《れいじん》の意見であり、幸福の科学グループとしての見解と矛盾《むじゅん》する内容を含《ふく》む場合がある点、付記しておきたい。

第1章　渡部昇一《わたなべしょういち》　天国での知的生活を語る

二〇一九年三月十三日　収録
幸福の科学　特別説法堂《せっぽうどう》にて

渡部昇一《わたなべしょういち》（一九三〇～二〇一七）

日本の英語学者、評論家。山形県鶴岡《つるおか》市生まれ。一九五五年、上智《じょうち》大学大学院修士課程修了《しゅうりょう》。ドイツのミュンスター大学、イギリスのオックスフォード大学に留学。上智大学教授を経《へ》て、二〇〇一年より上智大学名誉《めいよ》教授。専門の英語学のほか、保守系言論人として幅広《はばひろ》い評論活動を行う。『英文法史』『知的生活の方法』『発想法──リソースフル人間のすすめ』『ドイツ参謀《さんぼう》本部』『渡部昇一「日本の歴史」（全七巻）』『中国を永久に黙《だま》らせる100問100答』など、著作多数。

質問者

綾織次郎《あやおりじろう》（幸福の科学常務理事 兼《けん》 総合誌編集局長 兼「ザ・リバティ」編集長
兼 HSU（ハッピー・サイエンス・ユニバーシティ）講師）

斎藤哲秀《さいとうてっしゅう》（幸福の科学編集系統括《とうかつ》担当専務理事 兼 HSU未来創造学部
芸能・クリエーターコースソフト開発担当顧問《こもん》）

吉川枝里《よしかわえり》（幸福の科学総合誌編集局副局長 兼「アー・ユー・ハッピー?」編集長）

［質問順。役職は収録時点のもの］

1　死後二年の渡部昇一《わたなべしょういち》氏に、「その後」を訊《き》く

（編集注。本章の霊言《れいげん》は、二〇一九年三月十三日に収録されたものであり、本書発刊時〔二〇二〇年六月〕までに約一年三カ月が経過している）

大川隆法　何日か前（二〇一九年三月十日）に●堺屋太一《さかいやたいち》さんの霊言を録《と》ったのですが、堺屋さんの霊が言うには、「渡部昇一《わたなべしょういち》先生は、迎《むか》えには来てくれなかった」とのことでした。

　渡部昇一先生は、亡《な》くなられてもうすぐ二年になりますので、そろそろ気にはなっております。亡くなられてすぐと、その半年後ぐらいに霊言を録っていますが、前回は、「もう

●堺屋太一さんの霊言……　『堺屋太一の霊言』（幸福の科学出版刊）参照。

ちょっと時間がないと、霊界《れいかい》の経験も積めないし」というようなことで、「二、三年したら、また霊言をする」と言っていたのです。

生きておられたときの守護霊《しゅごれい》霊言としては、「渡部昇一流・潜在《せんざい》意識成功法」という、学習法のようなことを言ってくださったものがあります。

そのあと、亡くなって二十一時間後に、「渡部昇一 日本への申し送り事項《じこう》」という霊言を録りました。亡くなって一日たっていない段階で、周りがそうとうバタバタしていたと思いますので、よく霊言ができたものだと思います。

それから、半年後ぐらいに、「渡部昇一・死後の生活を語る」という霊言を録りましたが、このときも、まだ、

左から、『渡部昇一流・潜在意識成功法』『渡部昇一 日本への申し送り事項 死後21時間、復活のメッセージ』『渡部昇一 死後の生活を語る』(いずれも幸福の科学出版刊)。

それほどあの世が分かっているというほどではないかなという感じでした。

もし、渡部昇一先生が、今、生きていたら、日本を取り巻くいろいろな諸問題について発言をなされていたのではないかと思いますが、場合によっては、あの世に還《かえ》られて、それほど関心がなくなっている可能性もあるので、こちらが思うほどには反応されず、「どっちでもいいなあ」という感じになっている可能性もあります（笑）。まあ、それはそれなりに、発展形なのかなとは思います。

渡部昇一先生は著名な方であるので、すでにご存じでしょうから、今日はもう、これ以上の解説は必要ないと思います。

ただ、こうした著名な方が、「霊界の証明」として、あの世に還ってからの考えを送ってこられることは、私たちにとっては当たり前のことですが、日本の一般《いっぱん》の教育、普通《ふつう》の文科省の教育を受けて、普通の株式会社に入って生活しておられる方にとっては、当たり前のことではないでしょう。それゆえ、いろいろな方の霊言を出して、あの手この手で証明をしているわけです。

二年前まで現役《げんえき》で活躍《かつやく》しておられた渡部昇一先生の霊言については、読む人によって、本物か偽物《にせもの》かの〝判定〟はあろうかと思いますが、これは嘘《うそ》で書けるものではありません。そのあたりのニュアンスは、お分かりいただけるのではないかと思います。もともと庄内《しょうない》（山形県）の言葉を母体とした日本語を話しておられる方と、徳島弁を母体としている私とでは、言葉のニュアンスが多少違《ちが》うことはあろうかとは思いますが、言っている内容を見れば、その人らしいかどうかぐらいは分かるのではないでしょうか。

（質問者に）今日は、どんな下準備をなされているのかは存じませんが、もしかしたら、地上のことには関心がないかもしれないし、あるかもしれないし、あるいは、全然違うことのほうに行くかもしれませんので、幅広《はばひろ》い受け止め方をしながらやってみたいと思います。

前置きが長くなるので、このあたりにしておきます。

それでは、渡部昇一先生、八十六歳《さい》で亡くなられて、もう、だいたい二年になります（収録当時）。毎度、お呼び立てして申し訳ございませんけれども、後進の者たちに、何か、今、時代の変わり目に申し伝えることなどがございましたら、お言葉を頂ければ幸いかと思います。

（大きく息を吸って吐《は》く。約五秒間の沈黙《ちんもく》）

2　この世の蔵書《ぞうしょ》は、あの世に持って還《かえ》れる？

「とうとう〝霊界《れいかい》評論家〟になっちゃった」

渡部昇一　ああ……。いやあ、よく出て、何か申し訳ないね。

綾織　いえいえ、とんでもございません。

渡部昇一　いやあ、（霊界《れいかい》の）勉強が進んでいないのに、そんなに来ても、もう〝出がらし〟の話ばかりして、何だか……。

綾織　いえいえ。

渡部昇一　私が出て、おたくの（「ザ・リバティ」の）部数がちょっとでも増えるならいいけど、増えないんだろう？　大して。ごめんね。私が載《の》った回は、五万部ぐらい増えたりとかするとうれしいんだけどさ。すみませんね。

綾織　いえいえ、とんでもないです。

渡部昇一　まあ、できるだけ極端《きょくたん》なことを言おうか、なるべく。面白《おもしろ》いこと……。

綾織　（笑）もう、まさに「霊界の証明」でありますので。

渡部昇一　うん。そうだよ。

綾織　率直《そっちょく》に、今、思っていらっしゃることを教えていた

月刊「ザ・リバティ」（2020年７月号、幸福の科学出版刊）

●「ザ・リバティ」　幸福の科学出版から発行されている月刊総合誌。幅広い分野の時事テーマについてオピニオンを発信している。

だければと思っております。

渡部昇一　まあね、生きているときに、九十九パーセントは「あの世」を信じていたけどね。肉体を持っていると、最後の一パーセントがどうしてもね、「本当に、本当だろうか」っていうところがあったけど。

まあ、二年で三冊目の霊言集《れいげんしゅう》を出そうとしているからさ。まあ……、自分で「これは嘘《うそ》だ」とは絶対に言えない。こちらの側としてはね。

だから、この世の側で……、「この世」というか、「そちら」だが。こっちから言えば、そっち（地上界）が〝あの世〟なんだけど、「〝あの世〟の側で、受け入れてくれるかどうか」っていうだけの問題だけどさ。

こういう評論家も、まあ、あってもいいかもしらんな。とうとう〝霊界評論家〟になっちゃった（笑）。

綾織　それは新しいですね。

渡部昇一　いやあ、「執着《しゅうちゃく》」があるように見えるかなあ？

綾織　いえ、前回のときも、地上への関心が少し薄《うす》れていらっしゃって。

渡部昇一　そうだ、それはあるんだよなあ。「九十五歳《さい》まで」っていう本（『95歳へ！』）を出した手前ね、まだ……、八十八歳か。生きていたら八十八歳だから、「まだ九十五歳まで、あと七年ぐらい働かないといかん」っていう感じは、することはするなあ。

綾織　あっ、そのおつもりでいらっしゃるんですね（笑）。

渡部昇一　うーん。まあ、この世への未練というか。まあね、ちょっと言いたいことは、あったことはあったなあ。

綾織　地上の私たちとしては、非常にありがたいことです、言論活動を続けてくださるということは。

渡部昇一　ああ、そう？　いや、もう、十年もしたら忘れられるからさ。「忘れられる前に、言うべきことは言っておかないといかんかな」っていうところかね。

綾織　ありがとうございます。

「地上は『仮の世界だ』ということがよく分かった」

綾織　こちらからは、もちろん、いろいろとお訊《き》きしたいことはあるのですが、フラットにいきたいと思います。

渡部昇一　うん、うん。

綾織　今、どういうところに、特に関心が……。

渡部昇一　もう一回、〝出戻《でもど》り〟か？　元からかい？「そこは、明るいですか？　暗いですか？」とか。

綾織　あっ、いえいえいえ。そういうことではなくて……。

渡部昇一　ハハハハハハ（笑）。

綾織　今、特に関心を持って、やっておられるようなことですね。まあ、地上のことでもいいのですけれども。

渡部昇一　まあ、ちょっとはね、地上のことも心配しているけどさ。こっちに来れば、大きな意味では、地上で思うようにならなくても、いちおう「仮の世界だ」っていうことは、よく分かったからさ。こっちへ来てからが、長くなるらしいからさ。まあ、地上で生きている分には、なるべく「思い残し」をつくらないように、やれるだけのことはやったらいいのさ。

でも、地上で〝百点〟で、「もう、あとはすることがない」っていう状態も寂《さみ》しいものだから。まあ、「あの世に来る助走期間だ」と思っておいたほうが、基本は間違《まちが》いない感じかな。

綾織　はい。

渡部昇一　だから、時代が過ぎゆけばね、この世の仕事は、偉《えら》い人の仕事でも、百年もしたらね、もう読む人もいなくなることも多いしね。

それは、偉人《いじん》は別だよ。二千年も、二千五百年も、名前が遺《のこ》っているような方は、それはもう別格だろうけど、私たちのような物書きは、まあ、百年もすると、なっかなか読んでくれないよな。

新渡戸稲造《にとべいなぞう》さんでも、五千円札が出たから、もう一回息を吹《ふ》き返したけどさ。あれがなかったら、もう、とっくに忘れられてるよな。まあ、そんなもんだから。当時は有名で、力のある方だったろうけどなあ。

まあ、でも、ニーズがないところには、やっぱり、サプライ（供給）もないからさ。どのあたり……。

生前、収集癖《へき》だけで集めた蔵書《ぞうしょ》は「執着《しゅうちゃく》」になる

綾織　では、やはり「霊界の証明」という意味合いとして、この一年半ぐらいの間に、何か、驚《おどろ》きがあったような経験とか、学ばれたことなどはありましたでしょうか。

渡部昇一　だから、私なんかは、この世にいたときはさあ、売らないけれども……、〝売らない本屋〟だな。本屋みたいな生活。「古本屋の店主が商売をしないで、自分のところの本を読んでいるような状態」だったからさ。

こっちへ還《かえ》れば、何と言うか、本だらけであったのも、本の重さも、まあ、執着《しゅうちゃく》と言えば執着で。あの世に持って来れないからさあ、これ。

綾織　ご生前の蔵書《ぞうしょ》は、十五万冊と言われていましたけれども。

渡部昇一　もしかして、「焚書坑儒《ふんしょこうじゅ》」じゃないけど、お焚《た》き上げでもしたら、あの世に来るのかね。どうなの？

綾織　確かに、「本の霊体《れいたい》」があるかもしれませんね（笑）。

渡部昇一　まあ、ちょっと分からんな。

ハックショーン！　何か花粉《かふん》が飛んでるらしい……。ハックション！

私じゃないんだよ、これは。私じゃないんだけど、何か季節が、もう桜が咲《さ》くのかな？

綾織　そうですね、もう少しで。

渡部昇一　もうすぐ、そのころだな。（大川隆法の着ている上着を見て）何だか変な……。夏なんだか、冬なんだか、春なんだか、私はよく分からないんだけど。何だか変だな。ちょっと夏物じゃないの？　これ。ええ？
ああ、ええっと、えー……、「蔵書」だな。

綾織　（笑）そういう、蔵書についての執着のようなものはあられる感じなんですか。

渡部昇一　ああ、いやあ、多少、寂しいな。多少……（笑）。

綾織　なるほど。

渡部昇一　いやあ……、何だったんだ、あれは。
まあ、中身は大事なんだけどね。中身は大事なんだけど、本を集めて、収集癖《へき》だけでやっていたのは、●谷沢《たにざわ》先生なんかも一緒《いっしょ》だろうけど、若干《じゃっかん》、執着の重みにはなるから。

綾織　あっ、なるほど。

渡部昇一　本も、「中身の叡智《えいち》」を吸い取ることが大事であって、「本を持っていればいい」っていうわけじゃない。それだったら、本屋がいちばん偉いことになるからな。そういうわけじゃあないので。

この世とは違《ちが》う、あの世での読書スタイル

渡部昇一　ちょっと、このへんの執着の部分……、今、要するに、地上にいたときのような感じで、本がこうあるわけじゃあないんだよ。

●谷沢先生　谷沢永一《たにざわえいいち》（1929～2011）。日本の評論家、書誌学者。関西大学名誉教授。読書家、蔵書家として知られ、保守の論客としても活躍した。『幸福実現党に申し上げる―谷沢永一の霊言―』（幸福実現党刊）参照。

自分のいる世界にふさわしい本？　レベルだったら、まあ、アマゾンはないんだけれども、「あの本は、どうだったかな」とか思うと、いちおう出てはくる。空中にね。紙はないんだけど、いちおう「本の形をしたもの」が出てきて、読もうとすれば読めるし。まあ、本としてページをめくって読むこともできるが、それは生前の癖《くせ》であって、本当はね。そういうふうでないかたちでも、読もうとすればできる。

どういうふうにかっていうと、まあ、映画ほどではないけど、映画を観《み》るかのように、あるいはテレビを観るかのように、その本の内容を、ザーッと映像でも観るかのように、「ああ、こんな感じの内容だったな」っていうのが分かるような感じ？

この表現でいけるかどうか知らないけど、まあ、あなたがたが……。まあ、言えば、そんな感じかな。

だから、何百ページもある本でも、何かちょっと映像風に、立体的かもしれないけど、何となく、こう見て、「ああ、全体にこんなことが書いてあったな」みたいなのが見えてきて、入ってくる感じ？　そんなような経験をしている。

霊的《れいてき》に値打ちのない本は、下の世界に沈《しず》んでいく

渡部昇一　それで、機械があるかと言ったら、別に機械があるわけじゃなくて。「あの本は、どうだったかな」「どんなことが書いてあったかな」と思うものはそうだし、もう関心が薄れてしまって、いわゆる古本で、すでに役に立たないレベルだけど収集趣味《しゅみ》だけで集めていたようなやつは、まあ、出てこないこともあって。

綾織　あっ、そうですか。けっこう値段が高いものですよね（笑）。

渡部昇一　そうそう。それを気にはするんだけどね。「初版本《しょはんぼん》、あれは幾《いく》らだったかな」とか思うけど。それを思うのは執着で、諌《いさ》められているから、そういうことは。

綾織　あっ、そうですか（笑）。

渡部昇一　「そんな、この世的なことに執着しちゃあ、君、いけないよ」って言われているから。ちょっとだけ、やっぱり、本の収集家としては、うーん、変わったな、気持ちが。

だから、霊的《れいてき》に値打ちのないものは、やっぱり、下のほうに沈《しず》んでいっているっていうか、下の世界にはあるんだけど、「君のいる世界で、そんな本を読んでいる人はいませんよ」という感じで言われるから、「あっ、そうだったかな」という感じだなあ。

綾織　なるほど。

「ザ・リバティ」は渡部昇一氏のいる世界に届いているのか

綾織　これは、非常に興味深いところですね。

渡部昇一　そうですよ。だから、「ザ・リバティ」は私の世界に届いているか、届いていないか。訊きたいか？

綾織　それは、ちょっと〝危険な〟ところがありますね（笑）。

渡部昇一　〝危険な〟あれだね。だけど、一部は届いている。

綾織　あ、そうですか（笑）。

渡部昇一　うん、一部はね。

綾織　なるほど。ありがとうございます。

渡部昇一　大川隆法さんの書いているところは届いている。

綾織　ああ、そうですよね。

渡部昇一　うん。綾織さんが書いているところが届いているかどうかは、まあ、月によるな。

綾織　そうですか（笑）。頑張《がんば》りたいと思います。

渡部昇一　ああ。月によって、届いている場合と、届かない場合とがあるな。

綾織　なるほど。頑張ります。

あの世で「人生の八割は無駄《むだ》だった」と語った谷沢永一《たにざわえいいち》氏

綾織　先ほどのお話のなかに、一人、登場人物がいたのですけれども。

渡部昇一　ああ、ああ。

綾織「そういう本を読んでいてはいけませんよ」と諌《いさ》めた方というのは、どういう方なのでしょうか。

渡部昇一　谷沢《たにざわ》先生。

綾織　あっ、谷沢永一《えいいち》先生ですか、おお。

渡部昇一　もう〝ガラクタの山〟だったからね、それは。〝ガラクタ文庫の主人〟だからさ、ほとんど。

綾織　（笑）確かに、谷沢先生も蔵書が十何万冊……。

渡部昇一　もうほとんど、〝ガラクタ〟でしょう？　あの人の持ってたものは。古書ばっかり。役に立たない、それも洋書でもない、日本語の古書？

綾織　江戸《えど》時代の本とか。

渡部昇一　もう現代人で読む人はいないような、そういう、もうほとんど古本趣味だよな。そういう、「こんなの持ってないだろう。知らないだろう」みたいな。まあ、古本屋のおやじを驚かすような仕事をしていたけど。
　若干、頭をこう、カキカキ、カキカキ、カキカキしている。「いやあ、ほとんど無《む》駄《だ》だったなあ」って。「人生の八割は無駄だった」って言ってるよ。

綾織　あっ、天上界《てんじょうかい》で、そういうことをおっしゃっていたんですね。

渡部昇一　うん、うん。「八割は無駄だった」って言っている。「しまった！　金も無駄、時間も無駄、頭脳もすり減った」っていうことを言ってるからさ。「もうちょっと、やるべきことあったかもしらんなあ」って言っているから。君らも気をつけたほうがいいよ。

綾織　はい。

地上は「金魚鉢《ばち》のなかの世界」に見える

渡部昇一　だから、「ザ・リバティ」は、中身のいいところだけ読んだら、あとは早く、さっさとブックオフに売り飛ばして……。買ってくれないのかな、もう。知らないけど。まあ、身軽にしたほうが……。

綾織　なるほど。

渡部昇一　今、下界《げかい》はスマホか。スマホでは取れないものもあるか。

綾織　「ザ・リバティ」の記事は、Ｗｅｂ《ウェブ》上に残っていますので。

渡部昇一　Ｗｅｂね。まあ、そういうものは、みんな蜃気楼《しんきろう》さ。いずれ消えていくものだけど、それで商売してるんだろうから。消えていくもので。

訊きたいことがあれば、何でも答えるけど、ちょっとだけ距離《きょり》がね、遠くなって、うーん、「金魚鉢《ばち》のなかを見ているような感じになってる」っていう感じだけは分かっていただければ。

地上っていうのがさ、「金魚鉢のなかで金魚が泳いでいるような感じ」にしか見えないのが現実だなあ。

3　堺屋太一《さかいやたいち》氏の死後の状況《じょうきょう》について

死後まもない、堺屋太一氏の様子

斎藤　最近のエピソードといたしまして、堺屋太一《さかいやたいち》先生が亡《な》くなられてから三十日を過ぎたのですが、ご本人の霊言（『堺屋太一の霊言《れいげん》』〔幸福の科学出版刊〕）によりますと、四十九日《しじゅうくにち》までの間、どうやら、この世とあの世の中間地帯にいらっしゃることが判明しています。

ご本人いわく、「誰《だれ》も来てくれない」ということで……。

渡部昇一　ハッハッハッハッハ（笑）。

斎藤　「自分の守護霊《しゅごれい》も来てくれない」と……。

渡部昇一　あっ、それはもう、〝地獄認定《じごく》〟されるね、もうちょっとで。

斎藤　いえいえ（苦笑）。

渡部昇一　いやあ、危ねえなあ。

斎藤　それで、「渡部昇一先生も来てくれるのかなあ」と言いながら、現れないので、「来てくれないんだよな」ということでした。「でも、明るいでしょう？」と言って、ご本人が、最後は、だんだん盛り上がってこられまして、「何とか頑張《がんば》りたい」というような旨《むね》を述べられました。

ただ、そのときに、ご自身が生前に書かれたたくさんの本については、「インスピレーションというよりは調べて書いた」とおっしゃっていました。

渡部昇一　ああ、そう。

斎藤　そこで、お訊《き》きしたいのですが、渡部昇一先生からは、ちょうど、あの世とこの世の中間にいらっしゃる堺屋太一先生は、どのように見えるのでしょうか。
また、「堺屋先生が書かれた書籍《しょせき》を判定する」というのは非常に〝危険な〟ことなのかもしれませんが、そのご著書は、どのように見られているのでしょうか。

渡部昇一　いや、これは、（『堺屋太一の霊言』を）ちゃんと出版してからでないと、言っちゃいけないんじゃないの（笑）。

斎藤　（笑）そうですね。

渡部昇一　まあ、私の言い方によっては、出なくなる。うん、出なくなる。彼の仕事が無駄《むだ》になるから、言い方を……。まあ、言ってもいいけど、ちょっと短くするぞ。

●ちゃんと出版して……　『堺屋太一の霊言』（前掲）は、本収録のおよそ1カ月半後の4月下旬に発刊された。

斎藤　分かりました。

渡部昇一　まだね、私から見れば、二年後輩《こうはい》になるからさ、あの世に入るのに。だから、私が辿《たど》った道を、これからゆっくり辿られるだろうから。

まだ、あの世の、いわゆる「天上界《てんじょうかい》の住人たち」と住むところまで行っていないんだろう？　死んでまもないから。まだ、地上でウロウロしている状態だろう？

それは分かるけどさ。まあ、その気持ちは分かるけど。

〝あの世の人間〟になるために必要なこととは

渡部昇一　これから、自分の仕事でね、「よかったこと」と「無駄だったこと」と「まったくの名誉心《めいよしん》でやったこと」とか、いろんなものが噴《ふ》き出してくるのさ。

これで、自分の人生を、もう一回洗い流して、「砂金の部分があるか。小石や石ころばっかりか」、これを自分で篩《ふるい》にかける仕事が、これから来るんだよ、彼はね。

　だから、大量な仕事は、彼もなされたとは思うけれども、やっぱり、谷沢《たにざわ》先生風に言えば、「八割は、もう、どうせ無駄な仕事をしている」から。だから、「何が無駄で、何がこの世にとってプラスになったか」、これを自分でやって、自分の生涯《しょうがい》をな、見なきゃいけない。

斎藤　それについては、「控《ひか》えの間《ま》のようなものがあって、シアターのように映像的に見る」という話もあれば、「ご自身で反省するようなかたちで見る」という話もありますが、どのようなかたちがオーソドックスなのでしょうか。

渡部昇一　まあ、人それぞれなんで、違《ちが》いはあるから、一概《いちがい》には言えねえな。「私たちが行かない」っていうのは、まだ、「行って話をして、分かるレベル」じゃないんだよ。だから、もうちょっと、〝あの世の人間〟になるのに、「頭の切り替《か》え」が要《い》るんだよね。

斎藤　「頭の切り替え」ですか。

渡部昇一　うーん。切り替え。

要するに、「霊人《れいじん》っていうか、霊体《れいたい》のほうが『本体』で、肉体っていうのは、本当に『仮の姿』で、それを養うために、ご飯《はん》を食べたり、寝《ね》たり、服を着たりしていたけど、こんなものは本当はなくてもいい世界なんだ」って。「そちらが本体、本当の姿で、この世は仮だった」っていうのに、この世に生きていると、「この世の肉体生活を中心にやること」を仕事と考えているからさ。

このベクトルが引っ繰《く》り返らないと、われわれが行っても無駄になることが多くてね。もうちょっと、時間がかかるのかな。今はね、まだ、この世の考えに、もう、ほとんど縛《しば》られているから。まあ、九割以上はそうだと思うよ。

あの世では、「心の境地」に応じて行く場所が変わってくる

斎藤　これは、ジーッと黙《だま》って、おとなしくしているときに気がつくものなのでしょ

うか。それとも……。

渡部昇一　いやあ、分からん。人によって違う。

気がつかない人もいるからさ。気がつかない人の場合、ずーっと〝重く〟なれば、「地獄に行って何百年」という場合もあるわけだし、五十年ぐらいで分かる人もいるし。

やや、自分で反省なんかが始まってきたら、「守護天使」みたいな人が来たり、「導きの霊」が来たりするし、その「心の境地」によって、行く場所がだんだん変わってくるんでね。だから、それは経験しないと分からない。

それで、上の世界は、基本的に、まぶしく見える世界なので。自分の心がね、透明《とうめい》度が高くならないと、上の世界に上がると、いづらいんだよ。苦しいっていうか、今みたいに、まぶしい感じ？　こういうライトが当たって、まぶしい感じで、いにくい感じがするから、ちょっと、いやすいところに、基本的にいるわけね。そういうふうに、「心境に合わせて、いる場所が違う」わけよ。

●ハマトン先生に……　2018年10月24日に霊言収録された際、ハマトンの霊は、「私が守護霊だから」と述べている。『ハマトンの霊言　現代に知的生活は成り立つか』（幸福の科学出版刊）参照。

（斎藤に）だから、君が死んだってさ、●ハマトン先生に会えると思ったら大間違いで、それは何年後かは分からんのよ。

斎藤　やはり、しばらく時間がかかるんですね。

渡部昇一　そう。生きていたときの〝ガラクタの山〟を片付けないかぎり、やっぱり駄目なんだよ。

斎藤　ああ……。

綾織　今、名前が出ましたので、少しお伺《うかが》いしたいのですけれども。生前、渡部昇一先生は、ハマトン先生の著書の翻訳《ほんやく》をされていましたが、実際に天上界で会われましたか。

●ハマトン（1834～1894）　イギリス出身の作家、美術評論家、芸術家。美術雑誌「The《ザ》 Portfolio《ポートフォリオ》」の編集責任者。『知的人間関係』や『絵画と版画』など、数多くの著書を著《あらわ》し、『知的生活』（1873年）は世界的なベストセラーとなった。

渡部昇一　「（斎藤が）本物だと思いますか」っていうこと？（会場笑）

綾織　あっ、いえいえ、いえいえ。

渡部昇一　いや、私は、どっちでも言う権利はあるんだけどさ。

綾織　ハマトン先生に、天上界で会われましたか。お話をされましたか。

渡部昇一　ああ、会いましたよ。

綾織　あっ、そうですか。

渡部昇一　うん、うん。「ハマトン先生は」偉《えら》いです。

斎藤・綾織　（笑）

渡部昇一　「は」偉いです。

斎藤　「は」？

綾織　では、これについては、このあたりで……（苦笑）。

斎藤　（苦笑）これで〝打ち止め〟ということで。

渡部昇一　まあ、地上の方は、まだ「修行《しゅぎょう》中の身」なので分かりません。分かりません。それは、どっちでも行けると思いますよ。天国にも地獄にも、まだ行ける〝チャンス〟はあります。

4 「魂《たましい》のきょうだい」や「縁《えん》のある人」との交流

今、ベンジャミン・フランクリンとは通じている

吉川　一年半前の霊言《れいげん》（『渡部昇一　死後の生活を語る』〔幸福の科学出版刊〕）では、「まだ、個性がしっかりしていて、ベンジャミン・フランクリン●先生等との一体性は、そんなに感じられない」というようにおっしゃっていたと思うのですけれども。

渡部昇一　ああ、なるほど。なるほど。

吉川　今は、いかがでしょうか。お会いされましたでしょうか。

渡部昇一　うん、分かるよ。もう、今は分かる。会える。

●ベンジャミン・フランクリン（1706～1790）　アメリカの政治家、外交官、科学者、哲学者。印刷出版業で成功を収め、後《のち》に政界へ進出。アメリカ独立宣言の起草や憲法制定などに参加し、「建国の父」の１人として称《たた》えられている。幸福の科学の霊査では、渡部昇一氏の過去世の１人とされる。

「会える」っていうか、何となく、こう……。どういうふうな言い方をすれば分かるだろうなあ。うーん……。

「えっとー」っていう感じで行くと、向こうから、「何だったっけー」みたいな感じで、そんな感じで、スッと通じてくることは通じてくるね。そんな感じかな。

吉川　「同じ魂《たましい》のきょうだい」というような実感はあるんですか。

渡部昇一　うーん。まあ、ある程度、「あっ、そうなんだろうな」ということは分かる。

まあ、あなたがた的に言えば、「双子《ふたご》が家のなかに住んでいるような感じ」かな。そんなような感じ。別な個性だけど、何となく一緒《いっしょ》の生活をしているような感じ。

それで、「そろそろ晩ご飯《はん》だね」とかさ、「三時のおやつの時間だね」とか、「塾《じゅく》に行かなきゃいけないかな」とか、だいたい、相手が考えていることが分かるような感じはある。

●魂のきょうだい　人間の魂は原則として、「本体１人、分身５人」の６人グループで形成されている。これを「魂のきょうだい」といい、一定の期間をおいて、６人が交代で地上に生まれてくる。『太陽の法』（幸福の科学出版刊）等参照。

在原業平《ありわらのなりひら》は「離《はな》れて育ったいとこ」のような感じ

吉川　それは、●在原業平《ありわらのなりひら》さんとか、そういった方々も同じですか。

渡部昇一　ああー。そっちに来ますか。それは、ちょっと答えにくい部分が、若干《じゃっかん》、出てはくるな。

うーん……。いや、だから、「私が生前、し残したもの」も、まだあることはあるわけですよ。

斎藤　えっ、「し残したこと」ですか。

渡部昇一　うん。そういう、何て言うか、うーん……。まあ、「美とか芸術の領域」について、まだ、ちょっと、手が回らなかったからねえ。

「学問的なもののほう」というか、「知的なほう」を中心にやってたけど、もうちょ

●在原業平（825～880）　平安時代前期の歌人、官吏。六歌仙・三十六歌仙の1人。『古今和歌集《こきん》』をはじめとする勅撰集《ちょくせんしゅう》に多くの歌が収録されている。幸福の科学の霊査では、渡部昇一氏の過去世の1人とされる。

っと、「美とか芸術、風流《ふうりゅう》の世界」に踏《ふ》み込《こ》まないと、彼の世界とは、まだ、ツーツーにはいかないね。

綾織　やや違《ちが》うところにいらっしゃるんですね。

渡部昇一　うーん。まあ、あっちは風流人《びと》だからね。一緒じゃないね。ただ、「物書き」のあれはあると思うんだけどね。

だから、ベンジャミン・フランクリンなんかに比べれば、まだ、それほど、近親感が少なくて、何か、「離《はな》れて育ったいとこ」みたいな感じ？

綾織　ああ、そうなっている感じなんですね。

渡部昇一　そんな感じ。「ああ、いとこのとは分かるけど、そんなに会っていないし……」みたいな感じぐらいだな。

ヤン・ヨーステンには、まだそれほど親しみが湧《わ》いていない

綾織　その流れで、少しお伺《うかが》いしたいのですが、過去世《かこぜ》としては、いちおう、ヤン・ヨーステンという方も明らかにはなっているんですけれども。

渡部昇一　うーん、まあ、何か、「八重洲《やえす》の発祥《はっしょう》だ」とか言ってるんだけどねえ、よくは分からない人なんだけど。

綾織　あっ、ここは、分からないところなんですね。

渡部昇一　まあ、「留学」とか、そんなところで、ちょっと関係があったのかなあ。うーん、まあ、「外国との関係」みたいなところで、「見聞する」「異質な眼《め》を開く」みたいなところで、何か関係はあったのかなあと思う。

それは、「外国と日本」、「外国から見た日本」っていうのを、たぶん見た方なんだ

●ヤン・ヨーステン（不明〜1623）　オランダの航海士、貿易家。1600年、豊後国《ぶんごのくに》（大分県）に漂着。ウィリアム・アダムズ（三浦按針《みうらあんじん》）らと共に徳川家康《とくがわいえやす》に仕えた。八重洲《やえす》（東京都中央区）の地名は、彼の日本名・耶揚子《やようす》に由来するとされる。

ろうけど、私は「日本から見た外国」っていうのを見ていたけど。

何か、そんなところがつながるのかなあとは思うが、まだ、ツーツーっていうほどにはいかなくて。まあ、存在していることは知ってはいるけど、自分が会いたいようなタイプは、もうちょっと、違うタイプの人のほうが多くて、まだ、そんなに親しみが、自分には湧《わ》いてきていない。

佐藤順太《さとうじゅんた》先生は「分《ぶん》を悟《さと》ったような感じ」で遠慮《えんりょ》されている

綾織　「ご縁《えん》の深い方」ということで言うと、●佐藤順太《さとうじゅんた》先生がいらっしゃいますけれども。

渡部昇一　ああ、ああ、ああ。それは、あれですね。

綾織　はい。お話をされていますか。

●**佐藤順太**　英語教師。東京高等師範学校卒。旧制中学で教鞭《きょうべん》を執《と》り、戦時中は隠棲《いんせい》していたが、戦後、英語教師の需要増加により、山形県立鶴岡第一高等学校（現・山形県立鶴岡南高等学校）に復職。教え子であった渡部昇一氏が生涯の恩師と仰《あお》ぐほど、その知的な生き方は大きな影響を与えた。

渡部昇一　うーん……。まあ、いちおう、私は表の世界でね、けっこう名前を売りましたので。順太先生は、どっちかといえば、やや仙人《せんにん》のように暮らしてらっしゃるところがあるので。

たまに会いますけど、向こうも、そのへんは分《ぶん》を悟《さと》ったような感じで、「自分が出すぎるのはよくない」と思ってらっしゃるようなので。

まあ、たまに、父親代わりに会ってもらうようなことはありますけどね。すごく遠《えん》慮《りょ》してらっしゃる感じですね。

綾織　あっ、そうですか。

渡部昇一　でも、何か、●私の霊言《れいげん》と一緒《いっしょ》になったものが、ちょっと出たりしているみたいで。

綾織　はい。収録させていただきました。

●**私の霊言と一緒になったもの**　「『渡部昇一 死後の生活を語る』講義」（第１章）と「佐藤順太氏の霊言」（第２章、第３章）を収録した、『新しい霊界入門』（幸福の科学出版刊）のこと。

渡部昇一　恩師であって、ありがたいですけど、「あんまり出しゃばると嫌《いや》がられる」と思って、ちょっと自戒《じかい》されているのかなあ。

綾織　ああ、なるほど。

幸福の科学や仏教、キリスト教等にも「無名の菩薩《ぼさつ》」がいる

綾織　私どもとして、少し関心があるのが、佐藤順太先生のような「無名の菩薩《ぼさつ》」といわれる方々ですね。

渡部昇一　ああ、ああ、ああ。はい、はい。

綾織　「そうした方々として、どのような方がいらっしゃるのか」ということについても、無名なので分からないところもありますし。

渡部昇一　それは、もちろん。

綾織　あの世、天上界《てんじょうかい》で、どういう……。

渡部昇一　まあ、みんな、この世で有名になりたくてさ、一生懸命《いっしょうけんめい》やってるけど、その有名な人がどこへ行くかって、それは、もうバラバラでしてね。

あなたがたの霊言で言えば、それは、「有名な人が偉《えら》い人」みたいな感じで出ることは多いけど、それは、大川隆法先生のセンサーが働いて、選び取っているんだろうけど。同じぐらい有名な人はいっぱいいると思うけど、「それが、みんな、あの世で有名な菩薩か」っていえば、そんなことはないんでねえ。

だから、あなたがたの教団でもそうだろうし、仏教やキリスト教、その他のところにも、それは菩薩クラスの人はいるだろうけど、一般《いっぱん》に外からは知られていないでしょう。内部の人が少し知ってるぐらいだろうし、地位としては上がってもさ、今は、宗教界でも、選挙みたいなもので、けっこう上がったりするから。政治家みたいな人が上がっていくから。

必ずしも、その……。選挙で選ばれて、まあ、法王だとかね、あるいは、イスラム教だって、トップは選ばれることはあるけど、「その人が本当に、今、如来《にょらい》か菩薩か」っていったら、それは、いろいろだよねえ。そうである場合も、ない場合もあるよなあ。

あの世は「それぞれの宗教の霊界《れいかい》」で分かれている

綾織　そういう、無名の菩薩の方々と、お話しになったりする場面というのはあるのでしょうか。前回の霊言で、「菩薩界に還《かえ》られている。仏教霊界《れいかい》にいらっしゃる」というようにお伺《うかが》いしたのですけれども。

渡部昇一　うーん……。まあ、ちょっと、宗教のやつは難しいから。〝壁《かべ》〟があるので。「ある程度、親和性があるかないか」で霊界が分かれてるから。

それぞれの宗教の霊界で、やっぱり、あの世はできているので、この世の人に言いたいのは、「宗教を信じて、どこかには所属といたほうがいいよ」ということは言っておきたいなと思ってるんですよ。

死んだあと……。要するにねえ、この世は、いろいろな会社に勤めたりしてるじゃないですか。だけど、会社の人が、そのまま、あの世に行って、あの世の村をつくってるわけじゃあないので。

会社はバラバラであっても、あるいは、職業はバラバラであっても、例えば、「幸福の科学の信仰《しんこう》を持っている人は、やっぱり集まってくるし、そうでない人は別のところに集まる」みたいな感じの「集落《しゅうらく》」をつくってくる傾向《けいこう》はあるので、宗教のほうが大事だな。とっても大事でね。

だから、私は、いちおう、表向きはクリスチャンではあるけど……。

綾織　はい。そうですよね。

渡部昇一　書いているものを見れば、日本神道《しんとう》に見えるし、幸福の科学なんかとも、かなり縁を持ってるから、だいたい、「このへんあたりは行き来できる」っていうあたりだよな。

このあたりの霊界は、比較《ひかく》的、楽に行き来できるが、生前に、まったく交流のなかったような宗教になってくると、それは〝壁〟がちょっとあって行きにくい。だから、「イスラム教圏《けん》に行って、挨拶《あいさつ》して握手《あくしゅ》して、友達になれるか」っていったら、やっぱり、「ちょっと入りにくいかな」っていう。まあ、そんなような感じはあるね。

「幸福の科学霊界」は、今、できつつあるところ

綾織　ちょっと、興味本位かもしれないんですけれども、「幸福の科学霊界」というのは、どんな感じでしょうか。

渡部昇一　ああ、できつつあるよ。でも、若いからね。まだ、三十何年だろう?

綾織　はい、そうですね。立宗から。

渡部昇一　亡《な》くなった方は、その霊界にいらっしゃるわけだけど。まあ、できつつあるけど、まだ、そんな巨大《きょだい》なものがあるわけではないね。

まあ、幸福の科学の人でも、みんな、それは行く先は違《ちが》うからさ。だから、それぞれのところで、「集落」っていうか……、「集落」っていったら、何か古く聞こえるかな。何だ、もうちょっと、「文化村」？

綾織　（笑）

渡部昇一　（笑）いや、「文化村」も古いかな。まあ、そういうふうなものはつくってるよ。

綾織　ああ。なるほど、なるほど。

渡部昇一　つくって集会して、集まったりして、なるべく近くで生活はしているみたいだな。

まあ、これから増えてくる。うん。

5　地上界へのインスピレーション

インスピレーションは「百球投げて、当たるのは一球ぐらい」

斎藤　今、渡部昇一先生は、例えば、「地上界にインスピレーションを送る」とか、指導霊《しどうれい》としての働きは、されているのでしょうか。

それとも、個人としての研鑽《けんさん》を積まれているのでしょうか。

渡部昇一　いやあ、堺屋《さかいや》さんも、「三十日を過ぎて、（大川先生のところに）やって来た」って言ってるけど、〝出場所〟がないのでね。

斎藤　〝出場所〟がない？

渡部昇一　〝出場所〟がない。

だから、「インスピレーション」っていったってさあ、それは、「無名の菩薩《ぼさつ》」に徹《てっ》するつもりでインスピレーションを降ろしてもいいけどさ、本人は気がつかないことがほとんどだから。百球投げても、一球当たればいいほうで。

斎藤　えっ？　それは、百球投げられているんですか、いちおう。

渡部昇一　百球投げても一球ぐらいしか当たらないよ。

斎藤　当たらないんですか。

渡部昇一　うーん。君に、百球、インスピレーションを投げたって、当たるのは一球ぐらいだぜ。

斎藤　（苦笑）九十九パーセントは無駄《むだ》になっている？

渡部昇一　九十九球は無駄です。まったく受け取らないから。

斎藤　ええ。それは、どうして……。

渡部昇一　まったく聞こえないんだ。

斎藤　「自我が強い」ということですか、私は。

渡部昇一　ああ。君は君で生きてるからさ。渡部昇一から球を投げてると……。まあ、「球」なんて言ったらいけないかな。「球入れ」みたいな感じで、「紅白の球を入れている」と。

それで、百球投げてさ、一球ぐらいだよ。だから、無駄が多くてさ。やっぱり、みんな、よっぽど根気がないと無理だね、一般《いっぱん》的に。

綾織　なるほど。

渡部昇一　だから、大川先生のところは、「百発百中」じゃないか。

「大川先生には、インスピレーションが『百発百中』で降りる」

斎藤　「百発百中」で降りる?

渡部昇一　ああ。全部、「百球投げたら百球出てくる」からさあ。これは便利だよな。
だから、みんな出たがるだけのことはあるわ。「百発百中」だわ。

綾織　実際、斎藤さんに試みられたわけですね?

渡部昇一　いや、あるよ。何にも反応しない。まったく反応しない。まったく反応しない。

斎藤　そ、そんなバカな（苦笑）。

渡部昇一　だから、ノートをかき集めて書いているだけで、まったく反応しないです。無理だ、これ。だから、ハマトンとは、だいぶ、もう、雲泥《うんでい》の差があるわ。ああ、それは無理だわ。

綾織　やはり、本当に心を開かないといけないいんですね。

斎藤　それは、「我《が》が強い」というか、「個人の意識が強すぎる」ということですか。

渡部昇一　まあ、〝この世の人間〟なんだよ、まだ。

斎藤　ああ……。この世的なんですね。

渡部昇一　まだね。だから、〝毛坊主《けぼうず》〟は〝毛坊主〟なので、しょせん。だから、そこまで行かないいんだよ。

斎藤　はあ……。

渡部昇一　だからねえ、やっぱり、この世の……。別に、君ねえ、他の出版社に行ったって仕事はできるでしょう。君ね、できないわけではないでしょ？　ね？　まあ、できないかもしれないけど、もうちょっと……。

まあ、似たようなところがあるかな。でも、「大法輪《だいほうりん》」に行って、勤めるわけにはいかんわなあ。面白《おもしろ》くねえだろうからな。

ベンジャミン・フランクリンは「奉仕行《ほうしぎょう》」として欧米《おうべい》を見ている

斎藤　ちなみに、「あの世の意識」について、みなさんが「知りたいな」と思うところとしまして、例えば、先ほど、ベンジャミン・フランクリンのお名前が出ました。ベンジャミン・フランクリンさんは、過去に生きられた方なので年数はたっていますが、今も昔のお姿、または、昔の意識のみでいらっしゃるのでしょうか。

それとも、地上時間に合わせて進化し、違《ちが》ったかたちになっていらっしゃるのでしょうか。

渡部昇一　まあ、その後のニュースっていうか、死後の、いろんな世界の情勢の変化は知ってらっしゃるよ、当然。それで、主として、アメリカやヨーロッパあたりの様子を見ているようではあるけど。

ただ、それはねえ、われわれの世界から言うと、「奉仕行《ほうしぎょう》」といわれる。

斎藤　「奉仕行」？

渡部昇一　うん、「奉仕行」で。

要するに、この世のことを手伝っても、あまり役に立たないことが多いので。奉仕行として、一定の時間は捧《ささ》げるけど、あとは、やっぱり、自分たちの関心のあることをやってるのが普通《ふつう》で、この世の逆だな。

この世だと、「日曜日に教会に行ったり」とか、「日曜日に何かボランティア活動をしたり」とか、そういうことはあると思うんだけども。それと真逆で、あの世のほうは、あの世の仕事が何かあって、そのあと、「一部は、この世のあれに、奉仕行で割《さ》けよ」っていうような感じで勧《すす》められることが多い。

だけど、こっちに還《かえ》ってきてしばらくすると、もう、この世のことを忘れちゃう人のほうが多くて。だんだん忘れちゃうんだよなあ。

だから、君たちだって、高校時代の同窓生とか見たって、もう分からなくなっているることは多いと思うんだけどさ。

綾織　そうですね。

渡部昇一　あの世に行っても、そうだし。

あと、時代がさあ、もう、〝雑居状態《ざっきょじょうたい》〟っていうか、いろんなものが入り組んでくるので分からなくなってくるんですよ。

明治や大正や昭和、あるいは、それより以前、江戸《えど》時代の人とかが、いっぱいいることはいるので。彼らも少しずつ変化はしているけど、何となく、もう、時間・空間感覚が、ちょっと、うーん……。まあ、〝curious《キュアリアス》〟（奇妙《きみょう》な・不思議な）って言うしかないよな。

だから、もう何なんだろうねえ。そんな感じだよ。

6　あの世の「新聞・本・映画」は、この世とどう違《ちが》う？

新聞は「地獄界《じごくかい》」と「地上界周辺」にしか出回っていない

綾織　今、お亡《な》くなりになって二年近くになるんですけれども、渡部昇一先生も、もう、地上への関心というのは、あまりなくなってきている状態ですか。

渡部昇一　うーん、ちょっとはあるけど。まあ、新聞も来ないしね。

綾織　あっ、来ない。

渡部昇一　ああ。新聞は来ない。

綾織　今ですと、地上では、「北朝鮮《きたちょうせん》の問題」とか、「中国の問題」とか、いろいろと動きはたくさんあるんですけれども。

渡部昇一　うーん。だから、新聞社のレベルがさあ、「菩薩界《ぼさつかい》」まで届かないや。だいたい、「地獄界《じごくかい》」と「地上界周辺」にしか回っていないので。

綾織　あっ、なるほど。それは、ちょっと……。

斎藤　新聞社のほうは、「意識が、地獄界と地上界に行っている」ということですか。

渡部昇一　それは、そうでしょう。まあ、地獄と、要は、この世だよな。あの世には、まったく通じないのばっかりだよ。

綾織　ああ。もう、そういう低いところにしか届かない？

渡部昇一　あの世でも、少なくとも「天国」といわれるところには、ほとんど関係のない人たちが書いてる記事だよな。

「地獄界」は関係がある場合があるんだよ。「地獄」には関係があるものは、わりにメディアに載《の》ってる。それから、「この世的なものに執着《しゅうちゃく》している人たちがいるような世界」には、縁《えん》があることはある。

霊界《れいかい》の「大川隆法著作シリーズ」は、この世とどう違うか

渡部昇一　ただ、いったん、これを超《こ》えて、君たちが言う「天国」という世界の人たちは、地上の新聞なんか、もう、関心がない世界になってるなあ。

だから、「ザ・リバティ」「アユハ」●に関心があるかどうかは、訊《き》かないでくれ。

月刊
「アー・ユー・ハッピー？」
(2020年7月号、
幸福の科学出版刊)

●「アユハ」　幸福の科学出版から発行されている月刊女性誌「アー・ユー・ハッピー？」のこと。さまざまな切り口から幸せになるヒントを提案している。

綾織　（苦笑）はい。

斎藤　そうすると、先ほど、冒頭《ぼうとう》のほうでありましたけれども、やはり、「情報に、次元のクラス・格というものがあって、地上でつくった創作物、制作物が、天上界《てんじょうかい》につながって、呼応《こおう》する場合がある」ということですね？

渡部昇一　そのとおりですよ。「次元」に対応してるよ。大川先生の本なんかは、いちおう、こっちにも図書館はあるんだけどさあ、ズラッと並んでるよ、ほとんどな。だけど、君たちの編集部がさあ、間違《まちが》って直したところなんかは、全部、訂正《ていせい》されている。

斎藤　訂正されているんですか（苦笑）。そこまで……。

●次元　この世界は多次元構造となっており、地球系では九次元宇宙界以下、八次元如来《にょらい》界、七次元菩薩《ぼさつ》界、六次元光明《こうみょう》界、五次元善人界、四次元幽《ゆう》界《かい》、三次元地上界がある。『永遠の法』（幸福の科学出版刊）等参照。

綾織　ちゃんと変わっているんですね。

渡部昇一　うん。変わってる。君らは、一生懸命《いっしょうけんめい》、直してるだろ？　でも、訂正されてる、ちゃんと。うん。〝元どおりに直ってる〟から。

斎藤　ありがとうございます。〝元どおりに直っている〟……。

渡部昇一　うん。君たちが手を加えた四次元波動《はどう》のやつは削《けず》られて、〝元に戻《もど》ってる〟から、ちゃんと。

斎藤　四次元波動でしたか。本当にすみません。霊界《れいかい》と地上界が呼応しているんですね。

渡部昇一　だから、それはね、俗人《ぞくじん》が手を入れた部分はすぐ分かるのよ、本で。

斎藤　最初の理念のものとのズレが……。

渡部昇一　うん、そうそうそう。

斎藤　そんなにすごいことなんですか。

渡部昇一　そうなのよ。そうなの。君らが付けた注《ちゅう》なんか、全部消えてるよ。私たちの世界にある本には、まったくない。載ってないよ。

斎藤　ええっ!?　はああ……。

渡部昇一　ごめんね。君たちは苦労してるんだろう？　なあ？　だけど、それは全部消えてるから。本に載ってないんだよ、これ。

斎藤　はあ……。では、波動の問題ですね。

渡部昇一　うん。書いている連中のね、頭の……。

斎藤　実在化しないんですね。

渡部昇一　ああ、うん。

綾織　これは、ちょっと、非常に厳しいところではあるんですけれども……。

渡部昇一　かなり、厳しい。厳しすぎるね。

（『渡部昇一　死後の生活を語る』の質問者の発言部分を読みながら）「渡部先生のご帰天《きてん》後は、ガイドといいますか、あの世について教えてくださるような導きの方はいらっしゃいますか。」とあって、下（の脚注）で、「ガイド。ここでは、死後、死者を霊界へ案内する『導きの霊』という意味。」って書いてある。

こんなものは〝消える〟わけよ、こっちへ来ると。

斎藤　枝葉となって……。

渡部昇一　枝葉っていうか、こんなの知らんやつがいるわけがないもん。

斎藤　あっ、なるほど。

渡部昇一　分かる？

斎藤　分かります、分かります。

渡部昇一　うん。まあ、そんな感じかな、うーん。

斎藤　はあ……。

「もう一段、上の世界の図書館」から取り寄せる本とは

斎藤　例えば、菩薩界で本を読むとき、「次元の高い内容の本」の場合には、文字の色などが光って見えたりとか、そういうことはあるのでしょうか。それとも、普通《ふつう》の本の扱《あつか》いになっているのでしょうか。

渡部昇一　いやあ、でも、大川先生の本でも、ちょっと難しいのもあるから、それは、私らのいるところの図書館にも、ないのも一部あって。「もう一段上の世界」から取り寄せないといけないのがある。

斎藤　あっ、「上の世界」から取り寄せるんですか。

渡部昇一　うん。「上の世界の図書館」にはあるんで。そっちにちょっと申し込《こ》んで取り寄せなきゃいけないんだよ、それは。

綾織　その本のタイトルなどで、分かるものはありますか。

渡部昇一　まあ、生前、私が理解できなかったような本だよな。はっきり言えば。タイトルって、まあ、いや、例えば、「法シリーズ」とかは、けっこう分からない、難しいものはあるよね。

2020年5月時点で26作が発刊されている「法シリーズ」の基本三部作。左から、『太陽の法』『黄金の法』『永遠の法』（いずれも幸福の科学出版刊）。

綾織　「法シリーズ」。そうですか。

渡部昇一　うん、うん。それ以外にもあるけどさあ。

綾織　はい。『太陽の法』（幸福の科学出版刊）などの三部作もありますが。

渡部昇一　いや、まあ、三部作だって、もちろん、それは、「下化衆生《げけしゅじょう》」の部分はあるから、一般《いっぱん》の人に分かる部分はあると思うけど。

地上では、どんな人でも「如来《にょらい》の法」を読むことができる

渡部昇一　私たちのほうにもあるけどね。あるけど、例えば、『太陽の法』なら『太陽の法』には、何百ページかあるんだろう？

綾織　はい。

渡部昇一　でも、私たちのほうへ来ると、私たちに適用される部分だけが、ちょっと薄《うす》くなって要約されて並んでて。「あれ？　これ、ほかの部分は？」と言ったら、「ああ、もうちょっと勉強が進んだら読ませてもらえます」みたいな感じになる。

綾織　おお……。なるほど。

渡部昇一「あんたには関係ないでしょ？」って、まあ、こんな感じ。

斎藤　はあぁ……。では、そんな高い世界まで行っても……。

渡部昇一　ああ、それは、だから、全部は手に入らないし。うん。宗教の書でも、ほかにも、下の地獄的なものもあるけど、そういうものは来ないから、置いてないよね。

綾織　その意味では、「そういう経典《きょうてん》が、地上では、全部読める状態で存在している」ということは、すごいことなんですね。

渡部昇一　そうなんだよ。地上だけは、（心境が）地獄の人でも「如来《にょらい》の法」が読めるから、すごく優《すぐ》れた場所だよな。

斎藤　天上界《てんじょうかい》であれば取り寄せなければならないものでも、地上界では読めるんですね。バラバラのものが全部手に入るということですね。

渡部昇一　全部。何でも。「地獄の底」から「天上界のトップ」まで、全部入ってるから。

私たちの世界だったら、キリスト教を勉強しようとしたら、地上の『聖書《せいしょ》』と違って、「イエスが本当に言ったことが全部載ってる『聖書』」があるわけ。ちゃんとある。

斎藤　えっ!?　イエスの話した言葉のみのような『聖書』があるんですか。

渡部昇一　地上に出ている「四大福音書《よんだいふくいんしょ》」とかあるけど、一部、(弟子《でし》が)記憶《きおく》した部分が出てるだけでしょ?　で、嘘《うそ》もあるし、矛盾《むじゅん》してるのもあるだろう?

こういうようなのが、ちゃんと「実際の言行録」に基《もと》づく『聖書』があるわけ。

綾織　ほおう。これは驚《おどろ》きですね。

渡部昇一　だからねえ、いや、君ら、編集の仕事をしてると、やっぱり、そのへんは、よくよく考えておいたほうが、まあ、将来いいんじゃないか?　うん。

斎藤　はい。ありがとうございます。背筋《せすじ》が伸《の》びました。

渡部昇一　本は、いや、届かないものがあって。まあ、下の次元のものもある。でも、「天国的か、地獄的か」、まあ、いちばん大きな裂《さ》け目、分かれ目は、そこだよな。

だから、出版物は、何万冊も年に出てるけど、地獄的なものは天国には届かない。で、「地獄の図書館」もあることはあるから、そこに行ったら読めるようなものもあるとは思うよ。うんうん。

斎藤　では、地上界では、理解できるかどうかは分からないとしても、「霊界の奥義《おうぎ》中の奥義」が目の前にあったら、自分自身で読むことはできるわけですね。

渡部昇一　そう。何でも。だから、もう何でも玉石混交《ぎょくせきこんこう》で。で、「何万部売れました」「何十万部売れました」「百万部売れました」っていうのが、それが、まあ、天国のものでも地獄のものでもありえるんだろ？　この世では。

菩《ぼ》薩《さつ》界《かい》まで届く映画は、千本中、十本ぐらい？

渡部昇一　それは、映画なんかでも、たぶん一緒《いっしょ》だろう？　映画とかドラマとかのヒットとかでも、地獄的なものでもヒットするでしょ？　ねえ。

綾織　はい。

渡部昇一　「連続殺人もの」とかいう小説とか、映画とか、けっこう流行《はや》るでしょ？　だけど、まあ、あの世的に意味がないものは、私たちの世界には来ないね、基本的に。

綾織　映画で菩《ぼ》薩《さつ》界《かい》まで来ているものには、どういうものがあるんでしょうか。

渡部昇一　いや、ハッハッハッ（笑）。

映画ねえ……。映画で菩薩界まで来ているものは、そんなにはないんじゃねえかなあ。うーん、ごく少ない。
まあ、率的に言えば、まあ……。年に千本ぐらい映画館にかかっているとして、うーん、十本ぐらいかねえ。

綾織　おお……！

渡部昇一　それは、この世の、そのアカデミー賞だの何だのっていうのは全然関係がない。関係がないかねえ……。行く先が違う。
まあ、それぞれのところで上映されていると思いますよ、霊界によってはね。うん。

7　あの世で出会った「歴史上の偉人《いじん》」

あの世では、五百年前、千年前、二千年前の人とも会える

吉川　先ほどのお話では、そちらの世界では、『聖書《せいしょ》』にはイエス様の語られた言葉が載《の》っているということでしたが、例えば、『古事記《こじき》』や『日本書紀《にほんしょき》』などのように、半《なか》ば神話のようなものと事実が混じっているものについては、その事実に基《もと》づいたものが読めるものなんでしょうか。それとも、そのままなのでしょうか。

渡部昇一　うーん……、それは、よっぽど関心がないと分からないけど、まあ、そういう場所もあることはあると思う。

だから、そちらのほうになって、日本神道《しんとう》の過去の本になってくると、うーん、「本」っていう感じじゃないね。なんかこう、ベーッと「巻物」みたいなのが、こう

……。ダーッと「絵巻物」みたいに出てきて、見せてもらう感じかな。そんな感じ。
私なんかはさ、歴代天皇も全部暗記してるからさ、説明するほうも楽だけど、今の現代人は、ほぼアウトだよね。分からない（笑）。「説明が分からない」っていう。
それは、「どの程度まで関心を持つか」によるけどね。まあ、示してくれるものもあるわな。うーん。

斎藤　それは、どのような世界なのでしょうか。やはり、「自分の関心の強さによって認識がどんどん変わっていく世界」なんですか。

渡部昇一　うん。まあ、そうだね。

斎藤　自分が「欲《ほ》しい」とか「知りたい」などと思ったものが現れてくるんですか。

渡部昇一　もちろん、それ以外にも、アドバイス？　ほかの人から「君、あれを勉強しておいたほうがいいよ」とか、それは、言われることはあるからさ。
こちらの世界の面白《おもしろ》さは、前にも言ったように、「五百年前の人、千年前の人、二千年前の人とでも会える」っていうことだね。
あと、〝正体不明の方〟もいっぱいいるので。本当の姿、「あの人が誰《だれ》か」って、分からない場合もあるんだ。姿を変えてることがあって、分からない場合もある。正体不明の霊人《れいじん》も、やっぱり、けっこういるんで。「何かの偉《えら》い方なんだろうけど、分からない」っていう人は、いっぱいいる。

斎藤　はああ……。

「この二年間で、仏陀《ぶっだ》とイエスは見たことがある」

吉川　以前の霊言《れいげん》（『渡部昇一　死後の生活を語る』）で、「数年に一度、上のほうから大きな光の方がいらっしゃる」ということをおっしゃっていましたが、そういった方は、この二年間のなかでいらっしゃいましたか。

渡部昇一　うーん……。この二年間の経験で……、うーん……、（約五秒間の沈黙《ちんもく》）仏陀《ぶっだ》とイエスは見たことがある。

綾織　おお。

斎藤　えっ？　仏陀とイエスが、その次元に降りてこられるんですか。

渡部昇一　うん。教えに来ることがあるから。

斎藤　それは、こちらで言うと、大講演会のようなかたちなんでしょうか。

渡部昇一　うーん。まあ、ちょっと、それほど近代的じゃなくて……（笑）。申し訳ないね。

斎藤　すみません。やはり、どうしてもこの世的な発想で考えて……。

渡部昇一　申し訳ない。近代的じゃないんで、すみませんねえ。まあ、〝文化村に来て、公民館で話している〟ようなものなんで、ええ。すみませんね。

斎藤　それは、対話というかたちなんですか。お話を受けながら対話をするのでしょうか。

渡部昇一　いちおう、上座《かみざ》っていうか、まあ、座《すわ》ってはおられるけど、お話もしてくれるし、質問も受け付けてくださる感じだけど……。あと、まあ、ほかにも、ちょっといらっしゃるけどね。

あと、そういうのを専門でやっている人もいて。「誰それを講師でお呼びしよう」みたいな仕事をしている人もいることはいる。

斎藤　あっ、講師を高次元世界から呼ばれるんですか。

渡部昇一　うん。「誰をお呼びするか」みたいな、そういうマネジメントをして、私たちがいる世界の人を、また、教育している人もいることはいるよ、うん。

斎藤　仏陀とイエスも……？

渡部昇一　うん。まあ、お話を伺《うかが》ったことはあります。あとは、哲学者《てつがくしゃ》とか、そんなような方はちょっといますけどね。

斎藤　はあ……。

「カントやヘーゲルの哲学《てつがく》は、やっぱり分からなかった」

綾織　前回の霊言では、「『カントやヘーゲルと議論した』と言えるといいな」とおっしゃっていました。

渡部昇一　ハハハハハ（笑）。やっぱり難しいよ。やっぱり、何を言ってるか分からんね。相変わらず、分からんわ。

綾織　お聞きになったわけですね？

渡部昇一　死んでも分からん。生きてたときに分からなかったから、死んでも分からんわ、やっぱり。

綾織　なるほど（笑）。

渡部昇一　だから、まあ、世界が違《ちが》うんだろうよ。死んでも、カントが何を言ってるやら、ヘーゲルが何を言ってるやら、やっぱり分からんわ。これはしかたない。世界が違うんだわ。

綾織　あっ、そういうことですか。

渡部昇一　私は「通俗哲学《つうぞくてつがく》」っていうか、庶民《しょみん》に分かるようなことをやっとるんで。だけど、彼らのほうが、まあ、何て言うか、うーん……、必ずしもいいとは限らなくて。彼らは彼らなりに、要するに、信仰《しんこう》がちょっと薄《うす》い面もあったりするからさ、哲学者っていうのは。頭でっかちで、信仰のところがちょっと薄くなって。要するに、情感の部分がちょっと涸《か》れてるんだよね。こういうところは、やっぱり、批判はされているね。

8 天上界《てんじょうかい》から は「未来」が視《み》える？

「未来予知に関心はあるが、合っているかどうかは分からない」

斎藤　「未来」について、少しお伺《うかが》いしたいところがあります。

渡部昇一　うん、うん。はい。

斎藤　大川隆法総裁先生が、ご講演で「未来は、このようになっていきます」という意志を示されることがあります。

渡部昇一　おお。なるほど。

斎藤　先日、三月三日の台湾《たいわん》のご巡錫《じゅんしゃく》でも、日本や世界の行く末を見て、心のなかのビジョンについて説かれています。

渡部昇一　ほう、ほうほう。

斎藤　あの世で、「地上の未来」などを視《み》ることはできるのでしょうか。

渡部昇一　まあ、それは、個人差はそうとうあるから、分からんなあ。

斎藤　昇一先生は、「未来ビジョン」や「未来の進む道」のようなものは視たりされますか。

渡部昇一　関心はあるよ。関心はあるけど、それが当たってるかどうかが分からない。だから、まあ、付き合ってる人から聞けばね、いちおう、そういう能力？　「未来

●三月三日の台湾のご巡錫……　2019年3月3日、台湾・グランド ハイアット 台《タイ》北《ペイ》にて「愛は憎しみを超えて」と題して、大川隆法総裁による講演および質疑応答が行われた。『愛は憎しみを超えて』（幸福の科学出版刊）参照。

予知能力」とか「透視《とうし》能力」みたいなのがついてくると、未来のことについてずーっと関心を寄せていくと、それが、映画でも観《み》るように視えるんだって。まあ、そういうふうになるらしい。

ただ、それが合ってるかどうかは、それは、ちょっと、その人の能力の精度によるから。人にはそれぞれに能力があるけど、みんな、その特徴《とくちょう》があるので。得意なところと、そうでないところとがあるから。

まあ、私も、それは、関心はあるよ。関心はあるけど、合ってるかどうかは分からない。

「大川先生は、講演会では神がかってくる」

綾織　そういう「未来を視る力」で、大川総裁の場合との違《ちが》いのようなものは、何か分かるものでしょうか。

渡部昇一　それはだいぶ違うでしょ。それは、違うんじゃないですか。

うーん……、（大川先生は）神がかってくるからね。講演会とかだったら神がかってくるし、講演会等の指導霊《しどうれい》で、私クラスの者なんかがつくことは、まずないからね。まあ、そのレベルは、まずは入れてもらえないから。インスピレーションを送らせてもらえないから。

私クラスが出られるのは、このくらいのね、まあ、君たちの「学習会レベル」はありえるけど。

綾織　ああ。ありがとうございます。

渡部昇一　講演会みたいなのは、私クラスは出られないから。まずはありえない。うん。

綾織　大川総裁の場合、予言や予知的なものは、「未来を視るもの」であり、かつ、「その言葉によって、実際に現実が動いていく」というところが、かなり違う部分であるのかなとは思います。

渡部昇一　いやあ、そのへんになると、私には、要するに、もう届かない部分に入ってくるんだけどさ。それがまだ……。それが分かれば、もうちょっと偉《えら》くなっとるがね。

そこまで行かないから困ってる。〝本の虫〟は、やっぱり、そこまで行けない。〝本の虫〟は本の上を這《は》ってるからさ、なかなか行けないんだけどさあ。

「潜在《せんざい》意識の力」で見える範囲《はんい》には限界がある

斎藤　総裁先生は、過日の台湾での講演会で、「未来の社会は、私の説く言葉の上に築かれる」というようにおっしゃいました。これは総裁先生が未来創造について、いつもおっしゃることです。

渡部昇一先生は、「自分のビジョン、思いを実現していく」というところについては、ご生前、「潜在《せんざい》意識成功法」のような感じでおっしゃっていたように思うのですが、このあたりはどうでしょうか。

渡部昇一　届かないんだよ、「潜在意識」なんかじゃ。

それは届かないものは届かないんで。「潜在意識のレベル」があるんだからさ、それは、届かないものは届かないんだよ。

だから、「地上の人間が見えてるものよりも、家の二階に上がったほうがよく見える」ぐらいのレベルが潜在意識なので。だから、それは、次元が違えば、全然、届かないものは、もう全然届かないので、それは無理ですよ。

「おたくの家の二階に上がったら、富士山《ふじさん》が見えるか」っていうような話を言われたって、「そんなもの見えるか」っていう。「ちゃんと、東京タワーに上《のぼ》ったら、晴れた日には見える」とか、まあ、そういうことでしょう? まあ、普通《ふつう》はね。だから、普通の家では見えませんよ、やっぱりね。

まあ、高層タワーになってきたら、三十階ぐらいになったら、ちょっと見えてくるところもあるかもしれないけどね。うん。

9　今世《こんぜ》の人生でつかんだもの

「自由」は必ず「責任」とリンクしている

綾織　今日は、若い人向けのアドバイスも多少頂きたいと思っています。

渡部昇一　ああ、そうか。そうか、そうか。うん。

綾織　ここまで、「あの世での知的生活」をお伺《うかが》いしてきた感じがあるのですけれども、そういう「あの世での経験」を踏《ふ》まえて、今、特に若い方々に対して、「知的生活からの成功」というような部分でアドバイスをされるとしたら、どういうものになりますでしょうか。

渡部昇一　うーん、この世ではねえ、肉体に基《もと》づいて自由に生きて構わないことにはなってるんだけど。まあ、実際上、殺人をしようと思えばできるし、道路のゴミ掃除《そうじ》をしようと思えばできるし、お年寄りに親切にしようとすればできるし、子供を虐待《ぎゃくたい》しようとすればできるし、それは自由さ。

それは、大勢の人の目に引っ掛《か》からないかぎりは自由にできるけど、大勢の目にさらされたり、警察官だとか、いろんな人に見られたら、できないことはいっぱいあるわね。

まあ、だいたい、それが、この世の仕組みだけど。

だから、「自由」は与《あた》えられてるけど、ある意味で、それは、必ず「責任」とリンクしてるんで。その自分の自由の範囲《はんい》内で、「できることと、できないこと」があるじゃない？　だから、総理大臣ならできること、議員ならできること、県会議員ならできること、市会議員ならできること、町会議員ならできること、会社の社長ならできること、課長ならできること、まあ、いろいろあるけどね。

その「自分の立場相応の自由」はあるんだけど、必ず「責任」とリンクしているので。まあ、そこまで考えて生きている人はあんまりいない。

特に、「この世で全部が終わり」と思ってる人にとっては、「残り少ない人生、もう、できるだけやりたい放題」と思っているわね。地上でそう思ってるし、「晩年運」が悪い方もいるよなあ。

今は、例えば、「カルロス・ゴーンを取っ捕《つか》まえて、検察がやったりしているのは正しいかどうか」なんていうのは、それは、死ねば分かることなんだろうけどさ。

まあ、この世的には、そういうふうに、いろいろと価値観のぶつかる面はあるので。言論にも責任が伴《ともな》うし、行動にも責任が伴う。会社の経営にも責任が伴う。それに反対した人にも責任が伴う。正しいか正しくないか。やっぱり、それは必ず来るよな。

やっぱり、「まったく罪一つ犯《おか》さず生きる」ということは、それは難しいことだとは思うから。いちおう、この世に生きてる間にやったことが、全部、総ざらいで出てきて、やっぱり、「何勝何敗」っていうかたちに、基本的にはなるよなあ。

だから、閻魔《えんま》様の前に出るかどうかは別として、「この世でこれだけのことは、善《ぜん》行《こう》としては、なしました。しかし、他人様《ひとさま》から非難を受けるべきようなことは、これだけございます。差し引きして、私は何点ぐらいになります」というところが、行き場所を決めるようにはなるわけねえ。

そして、天上界《てんじょうかい》に還《かえ》ったとしても、この「悪の部分」も一部持っているところがあるから、それは「カルマ（業《ごう》）」と称《しょう》するものとして持って還ることになるわけね。

それは、「来世《らいせ》への課題」なんだよ。その部分、次は、「時代」と「地域」と「人」を見て、自分のその「宿題の部分」を解決できるような機会ができてきたときに、生まれ変わりを望むらしいね。うん。

人生は、「それぞれの人の百点満点のなかで何点か」で評価される

綾織　言い方があれですけれども、仏教的な理解が進まれているんですね。

渡部昇一　うん。少し勉強が進んだと思ってよ。一年半でなあ？

綾織　はい。いや、もう、すごい……。

渡部昇一　ちょっと進んだんだ。ちょっと進んだ。ちょっと進んだ。私なんかは、「可もなし、不可もなし」の人間ではあるんだけれども。

綾織　いえいえ。とんでもないです。

渡部昇一　うーん……、若干《じゃっかん》、どうなんだろうね。まあ、「それぞれの人の百点満点」っていうの？　「全体の百点満点」じゃないんだよ。「それぞれの人の百点満点のなかで、何点ぐらい点が入ったか」っていうような感じで。

私だって、本もいっぱい書いたし、話もいっぱいしたけど、自分では人に言えないようなことだって、それはいっぱいあるよな。それもあるし、正直じゃなかったところだって、それは、あるからさあ。そのへんも適当に割り引かれるので、「渡部昇一の人生としては何点ですか」みたいな感じで出たら、うーん……、まあ、八十点ぐらいかなあ。うん、そのくらいは出てるぐらいか……。

綾織　それは、「その人が人生計画をした設定のなかで」ということなんでしょうか。

渡部昇一　まあ、その人の生まれた……、まあ、ところどころに、「人生計画」と「可能性」がいろいろあるけど。

まあ、私らの時代だったら、戦争中に死ぬことも可能性はあるし、戦後に栄養失調で死んだりするようなこともあるからね。そういうこともないとは言えないし。事故に遭《あ》ったりすることもあるし。それから、「能力を最大限に発揮したらどうなるか」っていうところまで、まあ、いろいろあるわけよ。私と同じような境遇《きょうぐう》に生まれた人はいっぱいいるわけだからね。

それで、それぞれ「人生のターニングポイント」があって、そこでどうしたかで、ちょっと飛躍《ひやく》することがあるわけね。

綾織　ああ……。

人生のうちに何度かは「幸運の女神《めがみ》」がほほえんでいる

渡部昇一　私なんかは、勉強が小学校時代はできなかったけど、ありがたいことに旧制中学に入《い》れてもらえたっていう。これでも、けっこう、なかなか、昔では難しいことで。家は、両親共にねえ、小学校の卒業証書も持ってないぐらいの両親ですからねえ。

お金だって、なかったことのほうがほとんどで、大学に入る、ちょうど上智《じょうち》大学に入る前後だけ、二、三年ぐらい、父親がまともに給料が出てたっていうか、収入があった時代があって、それで入《はい》れたっていうようなことがあって。それ以外の時代には、定期収入がほとんど入ってなかったりしたこともあったし。

まあ、いろいろあって、その分岐点《ぶんきてん》のところでね、「チャンスを生かして、それを、自分の人生にとって生かし切れる方向にどれだけ使えたか」、あるいは、「分岐点で乗り損《そこ》ねて失敗したか」みたいな。まあ、いろいろあるよ。人を見れば、うらやましい方はいっぱいいるけどね。
まあ、人生のうちには、何度か、「幸運の女神《めがみ》」が実はほほえんではおるんだよ。だけど、そのときに逃《のが》す人はいるからね。
私だって、よく悔《くや》しそうに言ってるように、アメリカ留学を逃した話も書いてあるけどね。だから、自分のほうが成績はいいと思っていたのに、まさか、マナーだとか服装だとか、人との、何と言うのかなあ……。

綾織　社交性の点……。

渡部昇一　付き合い？　社交性が、留学の条件だなんて思ってないじゃない。成績だと思うじゃない。
だから、戦後の〝ボロ大学〟の上智大学だけど、成績だけはよかった。もう、クソ勉強して、よかったから、自分が選ばれると思ってたのに、全然自分じゃない人が選ばれたりして、「あれ？　そんなバカな」っていうようなこともあったしさ。

だけど、それが、英文科の卒業生なのに、ひょんなきっかけでドイツ留学が叶《かな》ったし。

これは「幸運」と、私は捉《とら》えたわけだけど、そう捉えない人だっているでしょう。「英文科なのにドイツなんて行ったって、何もできない」と捉える人もいるでしょ？

綾織　はい。

渡部昇一　英文科卒でドイツに留学して、博士論文をドイツ語で書き上げたんだから、これは、それなりに、私なりの超人《ちょうじん》的な努力をしたわけだよな。

それは、「逆境」にもなりうるやつを「幸運」に切り替《か》えて、ねえ？「ドイツ語で論文を書いて、ドイツで処女作が出版される」なんて、これは、戦後の日本人でも、めったにあるべきではないことが起きたわけだから。

社会で活躍《かつやく》できるかは、最後は、学校ではなく「個人の問題」

渡部昇一　だから、家は貧しくて、大学は行けなくてもおかしくないのに、偶然《ぐうぜん》に行けた。そのあと、親父《おやじ》は没落《ぼつらく》した。あとは奨学金《しょうがくきん》とかで頑張《がんば》ってやった。アメリカには行けなかった。そこで腐《くさ》ってもよかったところを、ドイツに行って、そこで頑張って成功した。

で、それを足場にして英語研究をやって、だんだんに、そういう戦後の、まあ、最初は、三流校とも行かないかな、もう塾《じゅく》みたいな……。

綾織　まあ、当時としては、ええ。

渡部昇一　うーん、大学とは言えなかったかなあ。だから、私の本を読んでも、若いころにはよく書いたけど、恥《は》ずかしかった。まあねえ、故郷《ふるさと》の学校では総代とかにもなったこともあるからさ。そんな、大学と言えないような大学に入ったたっていうね、もう、「上智大学なんて知らん！」って、みんな田舎《いなか》の人たちは言ってたので。

綾織　その意味では、今の幸福の科学の●ＨＳＵも……。

渡部昇一　ＨＳＵ？　まあ、そっくりだろ。いや、そっくりじゃないね。ＨＳＵのほうが、もうちょっと上かもねえ。もうちょっと上かも。うん、うん。

綾織　今、まだ始まったばかりですので。

渡部昇一　うーん。もうちょっと上かもしれないなあ。規模が少し大きいよな、上智よりなあ。当時の上智よりは。でも、修道士《しゅうどうし》が教えてたから、それは、一緒《いっしょ》は

●ＨＳＵ（ハッピー・サイエンス・ユニバーシティ）　2015年4月に開学した「日本発の本格私学」。「幸福の探究と新文明の創造」を建学の精神とし、「人間幸福学部」「経営成功学部」「未来産業学部」「未来創造学部」の4学部からなる。千葉県長生村《ちょうせいむら》（左）と東京都江東区（右）にキャンパスがある。

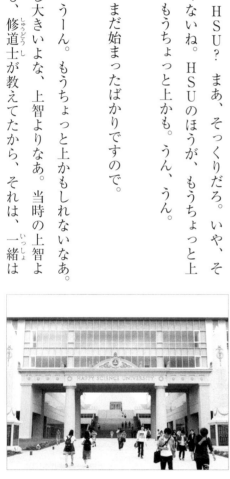

一緒かな。

綾織　はい。そうですね。

渡部昇一　でも、君たちのほうが、何か、「現代性」と「国際性」が豊かだから。私らの、まあ、はっきり言えば、修道士たちは、瞑想《めいそう》して祈《いの》ってるだけでも仕事は仕事だからさあ、「生産性がゼロ」なわけよ。だから、もったいないからさ、「せめて語学ぐらい教えろ」みたいな（笑）。

綾織　なるほど。

渡部昇一　例えばそんな感じで（笑）、教員にさせられてたようなところなので。いやあ、塾と言えば塾、やっぱり塾だな。塾だったんで。

だから、決して、ＨＳＵのみなさんがたが、そんな引け目を感じる必要なんかないので。

　そこから出て、一代生きている間に、学校もだんだんに一流校になっていったし、活躍《かつやく》もさせていただいたし。まあ、やっぱり、個人の問題だよ、最後はね。関係ないよ。

　それに、上智だから、私はこれだけ、また、教授にもなれたし、海外でも活躍できたところもあって。最初に行こうと思ってた東京教育大、今の筑波大《つくばだい》に、もし行ってたら、私なんか平均ぐらいの成績だったかもしれない可能性は高いので。真ん中ぐらいだったかもしれない。第一志望だったところね。

　真ん中ぐらいだったら、田舎の教員、鶴岡《つるおか》の高校の教員ぐらいしていた可能性も高いので。

　それを考えれば、上智に行ったからこそ、ちょっと勉学すれば、まさに「群を抜《ぬ》くべし」というところで、ちょっと群を抜いたために、活躍のチャンスが与えられたところはあったなあ。

亀《かめ》のごとくスタートして、だんだんよくなっていくのが幸福

斎藤　若い人に対しまして、「運命の分岐点が人生のなかにある」という話もあったんですけれども、ご生前も、「運の話」をよくされていたと思います。
そのときに、運をよくするというか、どうしたら、自分が向上できる運命をつかみ取れるのでしょうか。何か、そうした精神的なアティテュード（姿勢）というか、スタンス、態度、心掛けというようなものはございますでしょうか。

渡部昇一　若い人は、夢見るのに、すごい一躍スターになったり、大成功して大金持ちになったり、いい会社に入ったりと、いろんなことを夢見るだろうと思うし、それでもいいんだけど。何か、今は、自分も合理化しすぎてるかもしれないけど、スタート点は低いほうが楽は楽で。
亀《かめ》のごとくのろのろとスタートしながら、やってるうちに、だんだんだんだんよくなっていくのが、やっぱり、幸福なような気がするから。だから、「早熟の天才」み

たいなのを私は聞いても、そんなにうらやましいとは思えなくて。「かわいそうにな
あ」っていう、「あと下《くだ》っていくんだろうかなあ」とか思うことは多いので。
将棋《しょうぎ》の藤井《ふじい》七段か何か知らん……、十六歳《さい》で七段？

綾織　はい。

渡部昇一　「かわいそうだなあ。先はどうなるんだろうな」って、やっぱり、思っち
ゃうことはあるねえ。

斎藤　そうなんですね。

渡部昇一　「そんなに将棋ができなくてよかったあ」って。私も将棋はしたことがあ
るけど。

いやあ、高一で七段なんていったら、先はどうするの？　結婚《けっこん》したら、もう、その

へんで人生はだいたい見えてる感じになるのかなあ。あとは、いつ廃業《はいぎょう》するかだけの時間を延ばすしか、なくなるんじゃないかねえ。うーん。

まあ、そんな悪いことを言っちゃいけないいんだけどね。そういう「呪い《のろい》」はいけない。いや、「呪《しゅ》」をかけちゃいけない。才能がないことを棚《たな》に上げて、そんなことを言っちゃいけないけど。

若くして成功する人は、それなりにご立派だと思うけど、オリンピックの選手とかね、十代で金メダルを取って、白血病みたいなのになるような人もいるじゃない。何か、うれしいような悲しいような、つらいね。

そんなに注目されなきゃ、悲しさも少なくて済むだろうになあ。普通《ふつう》の高校生ぐらいだったらさ、病気なんかしたら、クラブ、部活をやめれば、それで済むことだけどね。

そういう「栄光」と「挫折《ざせつ》」の両方があるから。早く成功する人はうらやましいところもあるけど、あと、忘れ去られていくところとか、没落していくところとかを、わりに三十歳、四十歳ぐらいで経験することになるから、気の毒な面もあるから。

同年代でね、うらやましい人もいるだろうけど、あんまり、うらやんだら損だから、もう、「祝福」しとけばいいので。「ご成功、続くといいですね」と思ってればいいわけで、「自分は自分の道を、平凡《へいぼん》かもしれないけれども、平坦《へいたん》かもしれないけど、歩き続けること」が大事なんじゃあないかねえ。

勤勉ではない人は、チャンスが来たときに逃《のが》す

斎藤　ご生前、「勤勉さ」ということもよくおっしゃっていたと思いますけれども、この勤勉さに関する、霊界《れいかい》での発見や実感などはございますか。

渡部昇一　うーん。まあ、私も、本多静六《ほんだせいろく》先生とかね、あんなような方にもずいぶん啓発《けいはつ》されたし、幸田露伴《こうだろはん》とかね、「自助論」の影響《えいきょう》はそうとうあったと思うけど。やっぱり、「努力すれば道が開ける」という思想でしょ、基本的に。

左から、『人間にとって幸福とは何か―本多静六博士 スピリチュアル講義―』『幸田露伴かく語りき―スピリチュアル時代の〈努力論〉―』（共に幸福の科学出版刊）。

いや、でも、ありがたい思想だよなあ。本当にそのとおりだったから。だから、家には金もなし、親には学歴なし、何らの土台もなし。田舎から出てきて東京のことも分からず、劣等感《れっとう》の塊《かたまり》。入った大学は三流以下、ねえ？　英語をやったが、中学一年のときには赤座布団《あかざぶとん》（赤点）。それが英語学の教授になるなんて、考えられないようなことで。海外まで行って博士号を取るなんて、考えられないようなことで。

だから、「勤勉の報酬《ほうしゅう》」が、そうした、「自分の予想外のターニングポイントでのグレードアップ」で、それをくれるような気がするから。勤勉に努力を継続《けいぞく》していない人には、そういうチャンスは来ないんじゃないかな、基本的に。来たときに逃《のが》すね、たいてい。

斎藤　あっ、来たときに逃す。

渡部昇一　逃しちゃう。つかみ損ねるね。

斎藤　「勤勉」が、チャンスを逃さない秘訣《ひけつ》ですか。

渡部昇一　うん。勤勉にずーっとやってる人は、やっぱり、「チャンスの女神」が来たときに、前髪《まえがみ》をつかめるんじゃないのかなあ。

吉川　霊界《れいかい》では、「思い」がすぐに実現すると思うんですけれども、そういうときには、努力とか……。

渡部昇一　いや、すぐには実現しない（笑）。すぐには……、すぐに実現しないんだよ。

吉川　あっ、えっ？

渡部昇一　やっぱり、ある程度、それは精通《せいつう》しなきゃ無理なので。

吉川　では、そこも、やはり、努力が必要なんですか。

渡部昇一　うん。努力はいちおう要《い》る。霊界も努力は要って、すぐにはいかないんで。そんな、思ったらすぐに、「あっ！　私は」と、パッと如来《にょらい》になんて、そんなのならないので。それは、親鸞《しんらん》がいくら言ったって、ならないものはならないから。駄目《だめ》だからね、それは。うん。

「本当の強みは、みんな、最後は一つ」

吉川　最初のほうで、「美と芸術について、ちょっと、し残した」ということをおっしゃっていたんですけれども、そうなると、霊界で、美と芸術の興味範囲を広げて、勉強されたりとかもするんですか。

渡部昇一　いや、「魂《たましい》のきょうだいが違《ちが》う」ということは、「それぞれ、多少、興味・関心や専門が違ってもいい」ということなんだろうからさ。

人には、やっぱり、そうは言っても、いろいろ多趣味《たしゅみ》とか、多分野で活躍するということはありえるけれども、凝縮《ぎょうしゅく》したら、専門は一つになるんじゃないかね。基本的にはそうなると思うので。

大川隆法先生なんかはマルチに活躍されているだろうけど、でも、グーッと凝縮したら、やっぱり「宗教家」であって。グーッと凝縮したら、もう、「天上界のいちばん上からのパイプがつながっている」っていう、この一点に尽《つ》きるんじゃないの？それが、いろんな種類の活動につながっていってはいるけどね。まあ、結局、そういうことでしょ？

だから、本当は「宗教家のなかの宗教家」で。ほかのことをやってるように見えて、手を広げて、「教育」をやったり、「芸能」をやったり、「政治」をやったり、いろいろしてるように見えるかもしれないけど、本当は、やっぱり、「宗教家のなかの宗教家」なんですよ。「本当の宗教家」なんです、これ。たぶん、そうだと思う。

だから、本当は、「本当の強みは、みんな、最後は一つ」なので。やっぱり、そこは放さないようにしないと。

私も、歌もちょっとぐらい詠《よ》もうと思えば詠めますけど、今は、だって……、今はね、俳句や和歌を詠んだところで、何もならないですよ。日曜俳人とか日曜歌人になったって、これ、生きていけないからね。まあ、それで生きている人は一部いるけどね。朝日カルチャーセンターぐらいで教えて、やってる人もいるけど、それは、食べていくのは大変ですよ。

昔はそれだけでね、けっこう、すごい王朝の文化サロンに入れた。ね？　歌が詠めるっていうだけで。そういう時代もあったけど、ちょっと、時代が今、違うからね。そうならないわね。

斎藤　ただ、ご生前は、「書」もプロの書家の先生から三十年以上も学ばれて、達筆《たっぴつ》でいらっしゃって……。

渡部昇一　いや……。あんまりうまくないんだけどねえ。「習った」と言うにはちょっと下手《へた》すぎて、申し訳ない。達筆とは言えないよね、やっぱり、それは。あんまりね、書道でねえ、小学校のころに〝カルマ〟をつくってしまったから。失敗で、もう限りなく零《れい》点に近い評価を受けたことが、小学校時代にあって。それで、ちょっと、その何と言うか、〝刈《か》り取り〟を、生きてる間にしようと思ってね。

姉とかは字がうまかったのに、私は下手だって。そして、書き方を教わっていなかったから、練習書きのやつを提出して、怒《おこ》られたりするような、ちょっとそんなあれだったんで。まあ、そういうのがちょっと残っててね。

「生きてるうちに、少しでもカルマを刈り取りたいものがあれば、ちょっと刈り取る」っていう、まあ、心掛けは要るんじゃないかね。

チャレンジして成功体験を積むことが「勇気の拡大再生産」に

斎藤　渡部先生は、大学の教授をされていました。それで、若い人たち、後進への指導のなかで、特に、「歴史や講談のなかから、英雄《えいゆう》的な気質を学ぶことも大事です」

ということを、読書論とかでもお説きになっていたと思います。

最近の道徳教育で少しは取り上げられてきましたけれども、今、「英雄」ということが、日本の教育のなかであまり重視されておりません。この「英雄的な気質を学ぶ」ということについては、現代社会、未来に向けて、何か学ぶべき点はあるでしょうか。

渡部昇一　「英雄」という言葉は当たるかどうか、私は分からないけども、「勇気」は要るよ。

斎藤　「勇気」ですか。

渡部昇一　うーん。だから、大川隆法先生が●二千五百冊の本を出したっていうんだったら、「ああ、勇気があるんだな」っていうことが、私はすぐ分かる。勇気がないと出せない。本なんか出せない。自分の意見なんか発表できないんだよ。勇気がなければ、できないので。

●二千五百冊の本を……　収録時点。2020年５月現在、著作数は全世界で2650書を超える。

私だって、専門外のことについていっぱい発言していって、自分のテリトリーを広げていったけど、やっぱり、勇気がなかったら、「英文学者は黙《だま》ってろ！」って言われたら、まあ、それまでで。

だから、言われたよ、ずいぶん。歴史について書いたり、政治について書いたり、素人《しろうと》じゃない？　まあ、言えば。ねえ？　「英文学者は黙ってろ」と。

で、英文学者のなかへ閉《と》じ込《こ》められるとね、英文学者でも、〝まとも〟なのは東大の英文から研究者になった人か、せめて、東京外大あたりを出ている人が〝真っ当な〟英語の研究者で。そういう人だったら、研究社みたいなところから本を出しても許されるけど、「上智大の先生が書いたものなんか信用しない」みたいな感じの？英語の世界でも、だんだん狭《せば》められていって、最後は、もう、自分のところの教室の生徒を教えるしか能がない。

でも、ほとんどの、九十九パーセントの人はそうだよ。自分の生徒だけを教えて、単位をやるかやらないかという、そういうパワハラまがいで授業に来させるっていうの？　たまたま本が書けたりしたら、それを買わせるっていうの？　まあ、それだけ、だね。

綾織　その「勇気」というのは、責任感からなんでしょうか。何から出てくるんでしょうか。

渡部昇一　まあ、でも、「殻《から》を破らなきゃいけないとき」があるんじゃないかなあ。何か、「思い切ってジャンプしなきゃいけないとき」があって。

要するに、「素人が」とか、「専門外のくせに」とか、「こういう身分のくせに」とか言われる、その抵抗《ていこう》を受けながら、それでもチャレンジして、どこかでやってのけて、成功体験を積むことが、「勇気の拡大再生産」になるんじゃないかね。

上智《じょうち》大学に感じた「付加価値の部分」とは

渡部昇一　私なんか、留学のときにもこれは経験したし、上智《じょうち》にいるときも、東京教育大を、あと三カ月待って……。当時、（東京教育大の）入試が六月までずれ込んだから、先に受かってた上智に通《かよ》っちゃったんで。四月から通ってた授業がよかったんで、そのまま、いてしまった。六月に受ければよかったんだけど、「まあ、いい」と思って、いて。

そのときに「いい」と思ったことは、やっぱり、それは自分の判断なので。

本物の外人から教わるんだから。外人でも、要するに、宗教のあれをやってるからさ。みんな修道士とか、そういう人たちだから、「本当の宗教的教養を身につけた人に英語を学んだり、ほかの科目も学んだりする」っていうの、何かすごい……。私は、これ、何か、そこがテイストの問題だと思うんだけど。

学問的には偉《えら》いっていう人は、ほかにもいっぱいいるんだろうけど、宗教的なバックグラウンドを持ってる方が、この世的な本とかを勉強されて、それについて講義をされると、何か、やっぱり、さっき言ったあれじゃないけど、「光の部分」と「闇《やみ》の部分」を、ちゃんと読み分けているところがあって。で、人生に役に立つことを、やっぱり、必ず一言《ひとこと》添《そ》えてくれるんだよな。

私は、当時は、はっきり自覚はしてなかったけど、これが「付加価値の部分」だったんだよ。ほかの有名大学に行っても、たぶん、〝なかった部分〟はここだと思う。

だから、君たちの学校、HSUとか行っても、ここの部分はそうとう大きい。

　実は、ほかの有名な大学はいっぱいあるけど、学問……。まあ、いろんな本のエキスを集めたような、つぎはぎみたいな論文を書いてるような先生が教えているから、「どうせ誰《だれ》それがこう言っております。彼それはこう言っています」って言ってるけど、「どの人が遺《のこ》る人で、あとは遺らない人なのか」、区別がついてないことは多いと思うねえ。

　だけど、究極においては、その細《こま》かい教授法以前に、「人生の先達《せんだち》として、何か教えられるものを持ってる」っていうことは大きいんじゃないかねえ。

綾織　そうですね。

若い人にとっての最初の関門は「知的消化力」の限界突破《とっぱ》

綾織　（吉川に）若い人から、どうぞ。

吉川　えっと……、あっ、若くないかもしれませんが、すみません（笑）。最近、大川隆法総裁先生は、「勉強すればするほど、徳がなくなっていく人が多い」ということもご指摘《してき》されています。

「学徳を持つ秘訣」というか、学徳を養うためには、どのように学生時代を過ごしていけばよいのでしょうか。

渡部昇一　いや、私にはよく分からないね。何か、ボートから池に投げ出されて、バタバタしてるうちに、だんだん泳ぎを覚えたような感じ、自分はね。自分は、そういうような、〝無手勝流《むてかつりゅう》〟みたいな感じだったので、ちょっと分かりません。よくは分かりません。

大川総裁は、正規の学問としては、エリートコースでちゃんと勉強なさっている方だろうと思うんですけど、それ以外は、「独学」で勉強されたところもそうとうあるんだろうとは思うんですね。

まあ、私のことをほめてくださることもあるんだけど、まず、私も、とにかく生きていくことが大事だったんで（笑）。あの世での出世には関係がないかもしれないけども、とにかく収入がないからね。家に収入というか、仕送りが途絶《とだ》えていましたから。とにかく、「空《から》の袋《ふくろ》、立たず」ということで、「収入をあげつつ、仕事を続けて、勉強も続ける」みたいなことを目指してやってた。

結果は、それは、お金だけを言えば、宗教的に言うと欲得のものになるかもしれないんだけども、まあ、要するに、収入をあげなきゃいけないけど、でも、持ち時間はみんな一緒だよな？　ということであれば、「より投資効率のいい勉強の仕方をしなきゃいけないし、成果はあげなきゃいけない」っていうことになってきたから。

そういう意味で、すごく不器用な人間ではあったんだけども、だんだんに、そうした、生きていくための知恵《ちえ》っていうかなあ、力っていうかなあ、そういうものがだんだん身についてきて、「学者にしては、資金づくりがうまい」というふうに思われるような面もあったし、「商売が上手だ」と言われることも多かったですけど。まあ、悪口も含《ふく》めてね、言われることは多かったけど。

まあ、「何がお金になるか」といえば、もう身も蓋《ふた》もないけれども、「何が人々のニーズとしてあるのか」ということを考えればね、そういうものはあったし。

大川総裁のは、私は推《お》し量れない部分があるから言いかねるけれども。うーん、いや、「この世の教育等で不足しているもの」がかなり見えておられたんだろうとは思うし、「東大なんかの勉強で育った人たちに欠けているもの」も見えてらしたから、その部分を埋《う》めたくて、教育体系をつくっているんじゃないかと思うから、その教育を受けられた方には、やっぱり、そうとうの「プラスアルファ部分」はあると、私は思うけどね。

ただ、まあ、あくまでも、最後は、「個人としてやるか、やらないか」で。いくらカリキュラムとかテキストがよくても、やらないものはしょうがないからね。いい本が一冊あったって、読まなきゃ、それまでなんで。

その「知的好奇心《こうきしん》」っていうか、食欲というか、消化力が、どのくらいあるかってのは、個人差がそうとうあるよな。

で、消化力がなくなってくるわけですね。一定以上、勉強すると、「もう頭に入ん

あえて、そういう「霊界《れいかい》の証明」のために出してくださってるのは、まことに尊くも、勇気のある仕事だと思いますよ。

まあ、最近は言わなくなったかもしれないけど、某《ぼう》週刊誌なんかが、「イタコ芸」なんて言ってたこともあったでしょう?

イタコがこんなに本を出せるものなら、イタコに、どうぞ、「渡部昇一の霊言」を出してもらってください。出せるものなら出してください。まあ、山形県の人だったら、青森からやっても、言葉はそう大きくは変わらないから、似たような言葉をしゃべれる可能性があるから、どうぞ、イタコさんに私の霊言を出せるものなら、頼《たの》んでみてください。出せてから言ってくださいよ。出せませんから。

いやあ、それはねえ、「そんな簡単なことじゃない」と思いますよ。

それで、「勉強してるから出せるんだ」っていう言い方もあると思うけども、それはね、何て言うか、「肥料や水をやらなくても、肥料、水、太陽の光がなくても、種をまけば作物はなるのさ」と言ってるような人と一緒《いっしょ》のことで。

そんな、種をまいただけで作物を収穫《しゅうかく》することはできないですよ。やっぱり、ちゃんと、田を耕し、石ころを除き、肥《こえ》を入れ、ねえ？　水はけや日の光、いろいろ調整の上、作物は育てていくものなんであって。

だから、「この世的な努力をしてるから、偽物《にせもの》だ」みたいな言い方は間違《まちが》ってると思うし、それだったら、イタコさんのところに「渡部昇一の霊言」は出るはずですから。そのほうが証明だっていうなら、どうぞやってみてください。出るわけがないので。

「理解できる」ということが霊言ができる前提

渡部昇一　「出せる」っていうのは、私の個性でいちおう言ってますけれども、いちおう「渡部昇一を理解できる」っていうことが前提なんですよ。
斎藤　理解できるのが前提。
渡部昇一　うん。「渡部昇一を理解できる」っていうことなんですよ。

理解できるから、チューニング（同調）ができるっていうか、波長《はちょう》を合わせられる。だから、霊言が送れる。だから、理解できない人には無理なんですよ。受け付けできないんですよ。そういうことなんで。

綾織　なるほど。

渡部昇一　だからね、「勉強しているから本物でない」みたいな言い方をしたり、あるいは、「勉強なしで、イタコ芸で、イタコなら降ろせる、あるいは、沖縄《おきなわ》のユタなら降ろせる」と思ったって、出ませんよ。

なぜか。渡部昇一を理解できないからですよ。理解できない者には降ろせない。イエス・キリストを理解できない者には、イエス・キリストの霊言は降ろせないんですよ。

斎藤　つまり、「イエス・キリストの霊言ができる」ということは、「イエス・キリストを理解してるから、「言葉が出る」ということ……。

渡部昇一　そうです。まあ、ああいう偉大《いだい》な人の場合は、全部は無理かもしれないけども、「少なくとも、メンタリティーにおいて、イエス・キリストと同質のものを持っていなければ降ろせない」ということですよね。まあ、預言者の場合ですけどね、この場合はね。

もっと大きくて、全部、スポッと呑《の》み込《こ》む人もいるでしょうけど、まあ、それは、すごい例外でしょうね。

「理解できる」ということは「器《うつわ》の大きさ」を意味する

渡部昇一　私のを出すだけでも、これ、「渡部昇一学」だけやるだけでも、けっこう大変だと思いますよ。本はかなりありますし、私が言及《げんきゅう》してる関連本も入れれば、もっと深い。これだけでも、けっこう、学問が成り立つぐらいあると思いますけど。

渡部昇一　なんか、こんなの、あれでしょ？　ほんの〝箸《はし》休め〟でしょ、ほとんど。

綾織　いえいえ（笑）。

渡部昇一　「今日は、くたびれてるから、渡部昇一程度でやめておこうか」みたいな。だいたい、そんなもんでしょうけど。

もっと、いろんな方のが出てるじゃないですか。だから、「どれほど幅広《はばひろ》く世の中のことを理解しようと努力しているか」って、分かるでしょう。そういうことなんですよ。

だから、理解できない者は、やっぱり、そう言っても、受け取れないんですよ。何を言ってるか分からないことは理解できない。

だから、「理解できている」ということでしょう。それは「大きさ」を意味することで、「器《うつわ》の大きさ」なんですよ。

綾織　大きさ。

渡部昇一　（斎藤に）君のほうに降ろしたほうがよければ、それは、君に降ろしてもいいんだけど、君は、〝どんぶり一杯《ぱい》〟みたいなもので、溢《あふ》れるんだよ。やっぱり、いちおう溢れるんだよ。

斎藤　ああ……。

渡部昇一　溢れるんだよ。（質問者を）やるときは準備して来てるけどさ、溢れるわけよ。で、急に、途中《とちゅう》からさ、「谷沢永一《たにざわえいいち》先生の霊言に変えます」と言ったときに、「君はできるのかい？」っていう。

斎藤　準備が足りないと、できなくなります。

渡部昇一　でしょ？

斎藤　はい、準備は必要です。

渡部昇一　「ああ、谷沢さんは、もういいや。じゃあ、孔子の霊言に変えようかなあ」とかね、こうやられたときに、急に困るでしょう？

斎藤　やはり、学びの仕込みが要《い》ります。

渡部昇一　そう。だから、そういう意味で、何て言うか、「借り物で準備してる場合」と、「自分で消化して、自分のものになってる場合」と、あるいは、「すべてのものを鳥瞰《ちょうかん》して見てるような人の場合」とがある。

だから、大川総裁にとっては、「霊言」っていうのは、まあ、菩薩《ぼさつ》レベルは、はっきり言えば、自分のほうが教える側だからね。菩薩あたりは、自分が教えてあげるレベルなので、あえて、それを「先生」扱《あつか》いする必要はない、まったくないんだけど。

でも、この世の人にとっては、そのくらいの教えが、まだ効き目が十分あるんだよ。だから、必要で、あまり難しい方の意見を聞いてもね。まあ、競争しちゃあ悪いけれども、「カントの霊言」を出して、「渡部昇一の霊言」を出して、どっちが役に立つかって、それは、若い人にとっては、「渡部昇一の霊言」のほうが役に立つに決まってるんですよ。それは、偉《えら》いかどうかだけではないよな。

私はカントをちょっと読んだけどね、まあ、難しくて。生きてたときもね、難しくてよく分からないし、あの世でも会ったことはあるけど、何を言ってるか、よく分からない。

だけど、大川総裁にかかったら、カントだって簡単に片付けられてしまうので。〝三枚におろされて〟しまうから。「中身はほとんどないですね。だいたい、こういうことでしょ? 言いたいのは」って、すぐ、簡単に要約されてしまいますから。それは「認識力の差」ですよ、はっきり言ってね。

綾織　ありがとうございます。「霊言の秘密」のところを教えていただきました。

11　現代の日本に言いたいこと

「役人主導型からのイノベーションは要《い》るだろう」

渡部昇一　あっ、宣伝ばかりしちゃった。こんなのでいいのかい？　もうちょっと何か、（吉川に）お嬢《じょう》さん、何か言ってよ。

吉川　では、最後に一つお伺《うかが》いします。

渡部先生は、『歴史の鉄則』で、「フランス革命は、嫉妬《しっと》によって王侯《おうこう》貴族を潰《つぶ》した。一方で、イギリスの革命のほうは、成功した商人たちを貴族たちが認めたことによって、イギリスは、その後、発展した」というようなことを確か書かれていたと思います。

渡部昇一　うん、うん。

吉川　現在の日本は、「フランス革命寄り」というか、教育の無償《むしょう》化、あるいは、消費税の増税も予定はされています（二〇一九年十月一日、予定どおり八パーセントから十パーセントに引き上げられた）。そうした、やや、成功した人に対する嫉妬が大きい社会になってきているのかなと思うのですが、そのあたりについて、昇一先生から、日本に対して、「今後の指針」といいますか、「叱咤激励《しったげきれい》」といいますか、そういったお言葉を頂ければと思います。

渡部昇一　うーん。まあ、でも、天皇家がまだ潰れてないから、フランス革命までは至ってないんだろうと思うが、天皇の交代の儀式《ぎしき》で何十億円使うというのが〝打ち壊《こわ》し〟の理由になるような状況《じょうきょう》だったら、フランス革命状態にはなるわね。まあ、そこまでは行ってないんだろうなあとは思うが。

貧しい人を少なくしていくという努力はしてはいるから、暴《あば》れる人が少ないので。

本当に、その日のパンがなくなってきたら、やっぱり暴動は起こすし、犯罪は増えるよ。泥棒《どろぼう》、強盗《ごうとう》するようになるからさ。

その意味で、「下の底上げをして、平等社会をつくった」っていうことは、まあ、嫉妬はまだ残ってるけど、ちょっとは和《やわ》らげる効果はあると思うし。

上のほうは、カルロス・ゴーンみたいな、何十億円も、「給料が八十億」とかいったら、「バカ言うんじゃねえよ」って（笑）、日本の社長族にまで嫉妬されてるよな。「八億取ったって殺されるよ」って、ねえ？「八十億なんて、そんな報酬《ほうしゅう》はあるもんか。定年退職後、ずっと、年金代わりにボーナスが出るみたいなのは、許せねえ」みたいな感じが、検察庁なんかの強気の理由なんだろうけどさ。

まあ、そのへんは、ちょっと、私も分からない世界なんで、「どのくらい儲《もう》けていいか」なんて、ちょっと分からないので。「普通《ふつう》の学者よりは、少し羽振《はぶ》りがよかった」程度なんで、ちょっと分かりませんけども。

「飢《う》え死にする人があんまりいない」ということと、「高齢《こうれい》化して老人になった人が、医療《いりょう》を十分に受けられないかもしれない事態が近づいている」っていうことと。

まあ、会社は潰れるけど、新しくできもして。「ＧＤＰが伸《の》びていない」っていうのは、「潰れるのと起きるのが同じぐらい起きている」ということだろうし、「儲けたところと同じぐらい損したところがある」ということでしょ？　これがＧＤＰが伸びていない理由でしょ。

要するに、会社が立った分だけ、潰れとる。それから、儲けた分だけ、損したところが出てる。だいたい、こんな社会になってるということだろう。

まあ、全体をもうちょっと引き上げなきゃいけないんだろうけど。うーん、まあ、「役人主導型では、もうこれ以上行かない」ということで、何らかのイノベーションは要《い》るんでしょうね。

「この世は、こちらの世界にほぼ関係がない世界」

渡部昇一　このへんは、ちょっと、私にはもう分かりかねるというか、まあ、こちらの世界には、ほぼ関係がない世界で……、ごめんなさい（笑）。もうほとんど関係がない世界になってるんで、まあ、「好きに、どうぞ」っていう感じにはなってはいるので。「嫉妬するなり、地獄《じごく》へ行くなり、天国へ行くなり、好きにしてもいいよ」っていう感じにはなってるんだけどね。

まあ、ある程度、才能があったり、努力したり、能力があったりする人が、多少はね、他人《ひと》よりちょっとだけよかれぐらいのことを思って、まあ、それができて。「他人もよかれ。だけど、自分は、もうちょっとだけよかれ」というぐらいのことが許されるぐらいの社会にしておけば、まあ、何とか収まるっていうところかな。

大川先生だって、でも、本が二百五十冊ぐらいで止まってたら、それは、今よりきっと、もっと豊かな生活をしておられるので。二千五百冊出したら、〝貧乏《びんぼう》〟になっていらっしゃるはずなんですよ。そんなに儲けることは許されないために、「みんなが分配を始めて、弟子《でし》たちがみんな、印税を食《は》んでる」はずなんですよ、絶対にね。きっと、そうなってると思う。

働きすぎたら、必ず、それを所得再配分されることになってるわけなので。必ず、そうなっているでしょう。

でも、私みたいに「個人」じゃないからね。「組織」を持ってることも、また箔《はく》にもなってるし、地位にもなってるし、影響力《えいきょうりょく》にもなってるからさ。そういうものに変わってるわけで。収入が、そうした、影響力とか、地位にも変わってる面はあるので、まあ、そのへんは考え方次第《しだい》だね。

まあ、日本の社会を、今後、どうすべきかについては、今日の話ではちょっと届いていないんで、申し訳ないけども。

はっきり言って、あの世へ来て、こういうふうになるんだったら、うーん、まあ……、本多静六《ほんだせいろく》先生とか、私とかは、若干《じゃっかん》、〝頑張《がんば》りすぎた〟のかなあという気もしないでもないですね。やや頑張りすぎかな。

でも、まあ、そういう極端《きょくたん》な人もいて、一つの刺激《しげき》になること自体はいいのかなあ。うーん。

綾織　ありがとうございます。

仏教系で生まれたときの「無名の菩薩《ぼさつ》」の仕事とは

綾織　最後に、手短になんですけれども、霊的《れいてき》な探究のところで、前回の霊言《れいげん》で、「仏教系で生まれたことがあります」とおっしゃっていました。

渡部昇一　うーん、何か、経典《きょうてん》か何かを……。

綾織　経典。ああ、なるほど。

渡部昇一　うーん、何か、つくったか、注釈《ちゅうしゃく》を付けたようなものをつくったか、何か、そんなような仕事をしたことがあるみたいな。

綾織　インド側ですか、中国……。

渡部昇一　うーん、翻訳《ほんやく》関係だったような気がするから。インド、中国と、その中間地帯？　このあたりを、翻訳僧《そう》とかが行ったり来たりはしてたよね。

綾織　では、その時代から語学が強かった、と。

渡部昇一　うーん。そのへんのときにね、翻訳っていうか、まあ、それは自分も得意だから、そういう翻訳僧としての仕事はしたような気がする。それは、仏教だったような気がするので。

それは、有名な人は数少ないから、これもまた、「無名の菩薩《ぼさつ》」がたくさんいらっしゃるんだと思う。翻訳、お経を全部、誰《だれ》が訳したか分からない。みんな、「釈迦《しゃか》の直説《じきせつ》・金口《こんく》」になってるんでしょう？

綾織　はい。

渡部昇一　それでいいんだよ。「お釈迦様の説法《せっぽう》」ということで値打ちがあるので。誰が訳したっていうことを、あんまり、ありすぎてもいけないので。

名前が遺《のこ》るほどの翻訳僧ではないのかもしれないんですけど。

綾織　はい。ありがとうございます。「無名の菩薩の時代もあった」ということで。

渡部昇一　あります。うん、そういうことで。

綾織　はい。本日は、「霊界《れいかい》のレポート」のようなかたちで、一流の言論人に来ていただきました。

渡部昇一　前より、どうだろう？　進んだかな？

綾織　はい。もう、かなり……。

渡部昇一　「二十一時間後」と「半年」より進んでる？　進んでる？

吉川　はい。進んでいらっしゃると思います（笑）。

渡部昇一　ほんと？

綾織　はい。宗教的な説明を頂きましたので。

渡部昇一　ああ、じゃあ、ちゃんと進んでるんじゃない。じゃあ、悪くないね。うん。だから、君たちみたいに、「ときには牛丼《ぎゅうどん》を二杯《はい》食べようか」というような食欲は、もう気持ちもないね。欠片《かけら》もない。

綾織　なるほど（笑）。

渡部昇一　うーん。そんなことはない。もう、そういう欲はまったくないね。ときどき、「上質のチーズと上質のワイングらいでもあるといいな」と思うことはあるが。それに、「いい音楽がかかってるところで、たまにくつろげたらいいな」とは、まあ、思うけども。

そんな、ねえ？　「吉野家《よしのや》の牛丼の大盛りを、お代わりしたい」とかいう、もう、そんな気持ちはないね。

綾織　ありがとうございます。若者へのメッセージもたくさん頂きまして、本当にありがとうございました。

渡部昇一　まあ、お役に立てば。はい。

質問者一同　ありがとうございました。

12 「霊界観《れいかい》の変化」が感じ取れた今回の霊言《れいげん》

大川隆法　（手を二回叩《たた》く）というようなことでした。
　前回の霊言《れいげん》と比べて、若干《じゃっかん》、「霊界観《れいかい》の変化」は感じ取れたかとは思います。どうでしょうか、分かりますかね。まあ、ちょっと分かるものもありましたよね？　この世的に見て。

綾織　はい。

大川隆法　ああいう話はリアルでしたよね。「本がなくなっていく」とか。

綾織　そうですね。

大川隆法　ねえ？　「あれ？　消えてる」とか、そんなのはリアルだったね。「手に入らない本がある」とか。

綾織　はい。

斎藤　脚注《きゃくちゅう》が消えているとか。

大川隆法　「あなたがたが付けた脚注がない」とかね。

斎藤　はい（笑）。

大川隆法　すごくリアルだったね。だから、ちょっとは感じが分かったのではないですか？　「菩薩界《ぼさつかい》あたりに還《かえ》った人の二年後ぐらいの感じ」が、少し分かった感じですかね。

綾織　そうですね。今まで、あまりなかったお話なので。

大川隆法　ある意味で、なかったですね。

斎藤　「生活感」がものすごく出てきて……。

大川隆法　出てきましたよね。ちょっと、「生活感」が出てきました。やっぱり、勉強が進んでいるんでしょう。

綾織　はい。

大川隆法　だけど、まだ、旅行までは、そんなには行けなくて、親しみのある世界あたりまでしか、行動範囲《はんい》はないということのようでしたね。

でも、勉強になるのではないでしょうか。また、あの世での経験が進まれたら、もしかしたら、次は、「小野小町《おののこまち》ともお茶を飲んでいる」とか言い出される可能性もあるかもしれません。

綾織　なるほど（笑）。

大川隆法　今のところは、そこまで届いていないようですが、そういうこともあるかもしれませんね。

綾織　ちょっと、楽しみにしたいと思います。

大川隆法　まあ、勉強になりました。ありがとうございました。

質問者一同　ありがとうございました。

第2章　渡部昇一《わたなべしょういち》　コロナ問題と自助論を語る

二〇二〇年五月二十五日　収録

幸福の科学　特別説法堂《せっぽうどう》にて

質問者

大川《おおかわ》紫央《しお》（幸福の科学総裁補佐《ほさ》）

神武《じんむ》桜子《さくらこ》（幸福の科学常務理事 兼《けん》宗務《しゅうむ》本部第一秘書局長）

［質問順。役職は収録時点のもの］

1　天国に還《かえ》って三年目となる渡部昇一《わたなべしょういち》氏

約一年ぶりに渡部昇一氏を招霊《しょうれい》し、アドバイスを頂く

（編集注。本章の霊言《れいげん》は、第1章「渡部昇一《わたなべしょういち》　天国での知的生活を語る」の収録時より、約一年二カ月が経過した、二〇二〇年五月二十五日に収録されたものである）

大川隆法　渡部昇一先生、渡部昇一先生。

再び降りてくださり、現在の日本の状況《じょうきょう》について、天上界《てんじょうかい》に還《かえ》った目で、まだ生きている者に対してのアドバイス、意見等をお願いしたいと思います。

渡部昇一先生、渡部昇一先生。

亡《な》くなられてから三冊目の本を出そうとしております。どうかよろしくお願いします。

（約十秒間の沈黙《ちんもく》）

渡部昇一　ああ、渡部昇一です。毎度すみません。

大川紫央　いえいえ。いつもありがとうございます。

神武　ありがとうございます。

渡部昇一　特別待遇《たいぐう》で、こんな特別室でお呼びいただいて、本当にありがとうございます。

あっ、立派な飲み物を供《そな》えてくださって。本当に、あの世に行った者はねえ、コップ一杯《ぱい》の水がうれしいんですよ。

大川紫央　すみません。

渡部昇一　本当にねえ、「お供え」って大事なんですよ。

大川紫央　そうなんですね。やはり、お供えをされるとうれしい感じがするんですね。

渡部昇一　それはうれしいですよねえ。いや、「私のためにかな」と思うと、うれしいですね。

大川紫央　桃《もも》ジュースでもあったほうがよかったでしょうか。

渡部昇一　いや、いやあ、なるべく、そう空想することにしているんですよ。そう思うと、うれしく……。

いやあ、いいです、いいです。そんな無理しなくても……。

大川紫央　久しぶりだから、桃ジュース、ちょっとだけ。

渡部昇一　無理しなくてもいいですよ、そんな。時間が迫《せま》っているんでしょうからね。お忙《いそが》しい時間に邪魔《じゃま》して来ておりますから。

霊言《れいげん》の書籍《しょせき》化に当たり、改めて近況《きんきょう》を訊《き》く

大川紫央　昨年の二〇一九年三月十三日に、昇一先生が亡くなられてから二年ということで霊言《れいげん》を賜《たまわ》りました（本書第1章参照）。それから一年たって三年目になってしまったのですが、今回、その霊言を本にして発刊させていただくことになりました。

前回の霊言から一年開《あ》いてしまいましたので、昇一先生が、その後どうなさっているのかということについて、お訊《き》きさせていただければありがたいと思っております。

渡部昇一　〝付録〟でいいのかなあ。

でも、内容によっては題が変わっちゃうからねえ。去年しゃべった内容は、「霊界《れいかい》体験」のようなものだからね。

大川紫央　そうですね。

渡部昇一　うん。「生活」か。

大川紫央　私たちが普段《ふだん》お聞きできないような、霊界のさまざまなことについてお教えいただきまして、内容は普遍《ふへん》的なものでしたし、とても面白《おもしろ》かったです。

渡部昇一　そうだね。そう言ってくれると、うれしいけどね。まあ、「俗人《ぞくじん》が還ったばっかりの霊界は、どう見えるか」というような内容だったから。

大川紫央　いえ。普通はなかなか、亡くなってすぐに、菩薩界《ぼさつかい》には還れないです。

渡部昇一　いやいや。還って、自分が実に、この世において古本屋のおやじと大差がなかったことを悟《さと》りましたのでね。

（桃ジュースを出されて）ありがとうございます。これは、どうもどうも。

大川紫央　久しぶりの桃の味ですね。

渡部昇一　（桃ジュースを飲んで）山形は桃がいいんですよ。

大川紫央　そうですよね。

「この世とあの世が引っ繰《く》り返った感じ」がある

渡部昇一　ああ。ええー、で（笑）、何の話をすればよかったかな。

●亡くなってすぐに……　『渡部昇一 死後の生活を語る』（前掲）参照。

大川紫央・神武　（笑）

大川紫央　前回の霊言から一年たってみて、霊界での生活にお変わりはない感じでしょうか。

渡部昇一　そうですねえ。やっぱり、なんか、「この世とあの世が引っ繰《く》り返った感じ」はありますね。

大川紫央　やはり、そうなんですね。

渡部昇一　「こっちの世界がこの世で、あなたがたの世界があの世」という感じが、やっぱりだんだんしてきていますね。

だから、少しずつ地上時代の記憶《きおく》が薄《うす》れてきて、いろんな、生きていたときに持っていた執着《しゅうちゃく》が薄くはなってきて、こちらの世界で、また……。そうだね、海外に留学したような感じに、ちょっと近いかなあ。「そちらになじむことが大事だ」というようなの？

大川紫央　ああ。

渡部昇一　「新しい世界になじまないと。日本流ではやれないぞ」という、あの感じにちょっと似ている。海外留学によく似た感じだけど、そこに住んでいると「住めば都《みやこ》」で、だんだんそこの人のような気になってきて。ドイツに行けば、「グーテン・ターク」（今日《こんにち》は）とか言いたくなってくる感じかなあ。

そんなような感じで、年数ごとに、それはそうなって。みんなに訊いてみても、「こちらが長くなると、地上のことをだんだん忘れてくる」と。

地上にいたときは、家族とかはすごく大事なことだし、職場関係の人とかが、自分の幸・不幸をすごく左右するような重大な影響《えいきょう》を与《あた》えていたけど、こちらでは神仕組みで、ある程度似たような「波動《はどう》」というか「認識力」というか、そういうような人たちが集まっている村に分けられている感じになっているので。だから、地上時代に、「意見が極端《きょくたん》に合わないな」と思っていたような人とは、こちらでは会うことがなくなって。

地上は、やっぱり玉石混交《ぎょくせきこんこう》で、いろんな人が会っているし、天使が指導している人も、悪魔が憑依《ひょうい》している人も、一緒《いっしょ》に生活していて、肩書《かたがき》は一緒だったり、逆だったりするようなこともあったね。

まあ、俗に、「天国は常夏《とこなつ》の世界」と言うけど。まあ、「常夏」と言うと、何かハワイみたいなことを思うのかもしれないけど、ハワイみたいな感じでは、必ずしもない。「常春《とこはる》」だなあ。僕《ぼく》の感じは。

大川紫央　常春。

渡部昇一　うん。「いつも春のような感じ」があるね。

最近、霊界《れいかい》で交流したのはスウェーデンボルグ

神武　最近、交流される霊界《れいかい》の方には、どのような方がいらっしゃいますか。

渡部昇一　まだ、あの……、そうだねえ。勉強中というか、こっちに来て、まだまだ十分ではないけれども、最近はスウェーデンボルグ? スウェーデンボリとかいう人だねえ。

私も、生前にちょっと書いたことがあるけど、カントと同時代人でね。スウェーデンの〝霊的巨人《きょじん》〟だよね。五十数歳《さい》まではこの世的に出世していって、突如《とつじょ》、五十代から霊界の使命に目覚めて、霊界旅行をするようになってねえ。それで膨大《ぼうだい》な霊界著述を遺《のこ》した人だから、キリスト教に欠けているものを補完するために降りたような方だろうと思うし。

その「スウェーデンボルグ派」というのは、けっこう影響がね、水面下では大きくて、ヘレン・ケラーとかも、たぶん、そういうのを勉強していったと思うけどね。

●スウェーデンボルグ（1688～1772）　スウェーデンの神秘主義思想家、自然科学者。ヨーロッパ有数の学者でありながら、後半生に霊的覚醒《かくせい》を受けて霊界研究に取り組み、約30年間で10万の霊と交流したといわれる。生涯150冊以上の著書を遺し、そのうち宗教著作は約30冊に及ぶ。主著『天界と地獄』等。

だから、聖書《せいしょ》中心のキリスト教、教会中心のキリスト教だけでは教えてくれないものを教えてくれている。要するに、教会のキリスト教というのは、「イエスの言葉」はあるけれども、あくまでも「この世の人間の生き方や心構え」について教えてくれるし。

孔子《こうし》みたいなものは、そもそも、「あの世」なんかも明確には分からなくて、人間の「この世での処世術と立身出世術」を教えてくれていたな。

大川紫央　はい。

渡部昇一　だから、スウェーデンボルグみたいな人は、ちょっと〝異常〟ではあるけれども、「最初からの霊能者」というんじゃなくて、本当に、ある程度有名になるところまで、この世での実績も積んで、自然科学者としても有名だった方で、鉱山技師か何かで有名だったし、いろんな学問にも通じていた。

そういう方が、五十四か五ぐらいだと思うけど、六だったかな、五十代の半《なか》ばぐらいで目覚めて、死んだような状態、仮死状態になって天上界に還ってね、霊界体験をしてきたのを、霊界著述で、ものすごく膨大な文献《ぶんけん》にしたね。

まあ、今の人が読むのは、ちょっとつらいと思うんだけど。江戸《えど》時代ぐらいの人だから、ちょっとつらくて、大川隆法先生の霊言集を読んだほうがいいと思うけどね。

ただ、当時の人にとってはインパクトがあって、カントもね、「自分で体験できないことは学問の対象にはしない」ということで、自分が考えられる思考の範囲《はんい》内で、理性的に捉《とら》えた哲学《てつがく》を書いたけど、そういう神秘的なものがあることを認めてはいたんだよ。

あることは認めてたけど、でも、自分は研究できないし、それについて書けないから、ノーコメントで、自分のやれることだけをやったのが、学問がそちらのほうだけに流れてしまってね。スウェーデンボルグのほうの学問が永らえない。

体質に基《もと》づくものがあるからね。だから、継《つ》げないからさ。「スウェーデンボルグ派」っていうのがあるんだけど、霊界体験旅行の話を膨大に遺されただけでは、この世の人にとっては追体験ができないのでねえ。教えとして、「こう書いてあります」

と言う以外にないからさ、大きくは広がらなかったので。

日本だと、恵心僧都源信《えしんそうずげんしん》があの世の諸相を……。まあ、あれは、まとめたものだけどね。仏教やいろんなものから、まとめたものを書いたり。

あとは、古典で学ぶものとしたら、『日本霊異記《にほんりょういき》』とか、そういうものにも、霊界体験をしたような人の話とかがあるし、中国では、あなたがたもご存じだけど、『聊斎志異《りょうさいしい》』とかね、そういう怪異譚《かいいたん》があるよね。

こういうものは表上《おもて》の学問になりにくいものだけど、本当に「発想の源《みなもと》」になるし、人間に対して、「本来の生き方を忘れちゃいけない」っていう警告にもなるものだね。みんな、「それをどうやって手に入れて読むか」っていうところは、個々人だけどね。

「スウェーデンボルグのほうからレクチャーに来てくれた」

大川紫央　スウェーデンボルグ先生と……。

渡部昇一　に、教えてもらうほうだよね、どっちかっていえばね。私は対等じゃない

●恵心僧都源信（942～1017）　平安時代中期の天台《てんだい》宗の僧侶。諸経典から極楽や地獄にかかわる描写を抜粋した『往生要集《おうじょうようしゅう》』は、浄土《じょうど》教《きょう》の成立に大きな影響を与えた。幸福の科学の霊査では、スウェーデンボルグの過去世の１人とされる。『黄金の法』（前掲）参照。

から。

大川紫央　お会いしたいと思って、お会いできたんですか。それとも、あちらから来られたのでしょうか。

渡部昇一　なんか、向こうからレクチャーに来てくれたような気がするけどねえ、どっちかといえば。

大川紫央　霊界のこととかを……。

渡部昇一　「『カント先生の話は分からん』と、この前、言っている」と……（本書第1章参照）。

大川紫央　あっ、なるほど（笑）。

渡部昇一　「『生きていたときに読んでチンプンカンプンのものは、あの世で話を聴《き》いても、やっぱりチンプンカンプンだった』とか言うからさ。じゃあ、チンプンカンプンでない話を聞かせてやろう」と言って、来てくれるわけ。

神武　個別指導のかたちなんですか。

渡部昇一　この世にいれば「神秘的な霊界体験」だけど、あの世で言えば、まあ、〝地理の先生〟みたいなものだからさ。

大川紫央　なるほど。霊界の……。

渡部昇一　霊界では、まあ、〝鉄道マニア〟とかさ。

大川紫央・神武　（笑）

渡部昇一　〝旅行家〟みたいなものだから、紀行文を書いたりしているような。そういう人に当たるわけで。

霊界《れいかい》は「意識のレベルによって見え方が違《ちが》う」

渡部昇一　まあ、「まだ見知らぬところを、ちょっと勉強して、これから探検をいろいろしてみようかなあ」と思ったりもしてるけどね。どっちかといえば、〝書斎の人〟ではあったので。ええ。

大川紫央　そのお話だけでも、一本、霊言が録《と》れそうなぐらい、聴きたいことがあるのですけれども……。

渡部昇一　いやあ、いやいや、私みたいな未熟な人は、まだ、本当の世界が見えているかどうか分からないので。霊界《れいかい》もね、その人の「悟り」と言えば「悟り」だけど、「意識のレベルによって見え方が違《ちが》う」らしいんですよ。

だから、深く経験した人や悟りの高い人には違ったように見えるものが、この世から来てまだまもない人には、「できるだけ、この世的に翻訳《ほんやく》したようなかたち」で世界が見えているらしいので、だいぶ差はある。私が今話したとしても、それが「本当の世界」かどうかも、まだ分からない。「私が見た世界」なので。

だから、明治の文明開化が始まる前に、アメリカに留学したり、体験に行った人たちが見てきた世界は、もう『ガリバー旅行記』の世界でしょう、ほとんど。「背の高い人や黒い人や、いろんな国の人がいて、不思議なものがいっぱい走っていて」みたいな感じでしょう?

そういう人が体験したものは、今の時代のアメリカをビジネスマンで経験している人とかには、たぶん違って見えているでしょうね。そんな感じかな。

当時の日本人は、刀を差してさあ、羽織袴《はおりはかま》で、ちょんまげをつけて歩いて、それでゲラゲラ笑われて、「あれっ? 正装をしているのに、なんで笑われなきゃいけない」

ってい う感じだったけど。

「『刀を置いていけ』とは何事か。武士に向かって、それはないだろうが。ちょんまげを笑うとは何事であるか」というような感じだったけど、だんだん恥《は》ずかしくなってきてね、何年かいたら、みんな髪《かみ》を切って洋風の服に替《か》え始めるよな。

まあ、そんな感じで、やっぱり「意識の変容」があるんだよ。

2　地上のコロナウィルス禍《か》はどう見えるか

「チャイナ発のコロナウィルス」の〝落とし前〟をどうつけるか

大川紫央　話題を少し変えまして、今の日本の状況《じょうきょう》についてお伺《うかが》いしたいと思います。

渡部昇一　ああ、そうだね。

大川紫央　今、コロナウィルスが全世界に蔓延《まんえん》しておりまして、そのことについてはご存じでしょうか。

渡部昇一　まあ、君たちとはちょっと生活が違《ちが》うから、一緒《いっしょ》じゃないんだけど。私たちの世界にはコロナウィルスがないんでなあ、助かるなあ。

神武　（笑）

大川紫央　先日の霊言《れいげん》で、●松下幸之助《まつしたこうのすけ》先生も、「あの世に還《かえ》っとって、よかったわ」というようなことをおっしゃっていて（笑）、ちょっと面白《おもしろ》かったんですけれども。

渡部昇一　それはそうだろうなあ。

よくは分からないけど、ペストとか、あんなものよりは、ちょっと弱いのかなとは思うけどさ。もし町に死体の山がね、並ぶんだったら、私も、散歩もできんし、「見たくもないなあ」とは思うな。そこまでは行っていないけど、交通の便がいい分、世界にバーッと回るのが早かったみたいだね。

それの〝落とし前〟をどうつけるか、今はまだ、世界の流れが決めかねているところだね。

だから、あなたがたは頑張《がんば》って、「これは、チャイナ発のコロナウィルスだってこ

●松下幸之助先生も……　『大恐慌時代を生き抜く知恵―松下幸之助の霊言―』（幸福の科学出版刊）参照。

とを忘れちゃいかん」と言っているんだろうけど、何カ月かしたら、もう忘れてきつつあって。

「チャイナ発」だよね？　確かに。

そして、今日の新聞なんかに書いてあったようだけど、（武漢《ぶかん》の）ウィルス研究所の人は、「自分たちには関係がないものだ」というようなことを、所長が発表して。「偶然《ぐうぜん》のもので、私たちは十二月三十日以降にそういうものがあったというのを初めて見た」みたいな言い方をして、責任回避《かいひ》して。

大川紫央　「初めて新型コロナウィルスが見つかった」と。

渡部昇一　「中国も被害者《ひがいしゃ》であって、これは自然に発生したものだから、世界が共有して受けるべき不幸なんだ」というような感じでやって。

逆に、「いち早く封鎖《ふうさ》に成功したから」と、百何十カ国にマスクとか医療援助《いりょうえんじょ》をして、中国の主導権を取ろうとしたり、また、香港弾圧《ホンコンだんあつ》を始めたり、ねえ？　アメリカに対する反米の感情をまた出してきたりして。
トランプさんは、「おまえらのおかげで、もう百何十万人のアメリカ人が罹《かか》って、ものすごい数が死んだんだぞ。知っているのか」というような感じで、損害賠償《ばいしょう》を訴《うった》えている人たちもいるという、まあ、そんな状態だろうけど。「科学的根拠《こんきょ》がない」「証拠《しょうこ》がない」とか言って、「知らぬ存ぜぬ」でやっているという、まあ、〝相変わらずの中国〟に戻《もど》っているということだな。

大川紫央　そうですね。

習近平《しゅうきんぺい》氏が「野望・野心の塊《かたまり》」であることが見えない日本のマスコミ

渡部昇一　まあ、安倍《あべ》さんも参ったことだろう。オリンピックで大成功して、景気をよくして、また高度成長に乗せて、そして花道にして、来年ぐらいに引退しようかと思っていたかもしれないけどな。こんな〝不意打ち〟を受けるとは思わなかったね。
「習近平《しゅうきんぺい》の招聘《しょうへい》と同時にウィルスがやって来た」という感じでしたなあ。

だから、「来るな」という意味だったかも。「コロナ」じゃなくて、「クルナ」だったかもしれない。

大川紫央　（笑）

神武　「日本に来るな」と。

渡部昇一　そうそう。「来るな」という。来れないでしょうね。来たら、石をぶつけられただろうなあ。

大川紫央　「国賓《こくひん》で招く」というと、やはり、その体制に対して「承認を与《あた》える」という感じにはなるんですよね。

渡部昇一　うーん。もう、だから、「野望・野心の塊《かたまり》」だよね。

あれが、「遠隔透視《えんかくとうし》」というかなあ。日本から見て、見えないようじゃ駄目《だめ》だけど、日本のマスコミは見えてないよな。産経新聞以外はまったく見えてないよね、今ね、ほとんどね。

左翼《さよく》系の人にとって、中国は「心の母国」

大川紫央　なぜ、左翼《さよく》系の思想を受けている人は、中国が香港や台湾《たいわん》、ウイグルに対していろいろしていることや、「一帯一路《いったいいちろ》」で構想していることなどについて、危険だと思わないのでしょうか。

渡部昇一　「心の母国」なんだよ、左翼の。

大川紫央　ああ。

渡部昇一　「左翼の母国」のソ連がなき今ね。ソ連があったときはソ連が母国だけど、ソ連が潰《つぶ》れたから、今はチャイナがね、「心の母国」なのよ、彼らの。

大川紫央　ということは、「人権が大切」「命が大切」ということを言いつつ、本当は、ああした「共産党独裁政権」のような統治の仕方が好きということですか。

渡部昇一　うーん、いやあ、「現実がどうであるか」はどうでもいいんだよ。そうではなくて、「共産主義」や「平等」を言っていて、資本主義を批判して。金《かね》儲《もう》けのために大帝国《だいていこく》をつくったような、アメリカみたいなのが嫌《きら》いな人が、いっぱいいるのさ。

大川紫央　なるほど。「アンチ資本主義」でブレて、そちらに行ったわけですか。

渡部昇一　そうそう。だけど、本当はもう、中国も経済は資本主義になっていて、貧《ひん》富《ぷ》の差なんて日本どころじゃない。稼《かせ》いでいる人は、もう何百億とボンボン稼いでいる。日本ではそんなに稼いだら、〝逮捕《たいほ》〟されちゃうからね。

だから、別の国になっているんだけど、それが見えないんだよね。見えないで、「自分たちが、そうであってほしいような中国」を思い描《えが》いているんだよな。うん。

コロナウィルス問題は、霊界《れいかい》でも現在進行形で議論されている

大川紫央　コロナウィルスに関しては、昇一先生がいらっしゃる霊界《れいかい》では、どのように認識されていますか。あるいは、どのように見られているのでしょうか。

渡部昇一　いや、私たちの時代でいくとさあ、もう、そういうものは、そうだなあ。地上でいくと……、「星空が見える所」があるじゃない？　何だっけなあ、あの……。

神武　プラネタリウム？

渡部昇一　あっ、そうだ。プラネタリウム？　みたいなものがあって。春夏秋冬《はるなつあきふゆ》の星

座が動いて見えるのがあるけど、私たちのところにもそういうふうな所があってね。こう、「世界の歴史が観《み》える所」があるんだよ。それがこう、いろんなものを映してくれるんだけど。

例えば、「疫病《えきびょう》の歴史みたいなものを知りたい」と言うと、プラネタリウムみたいに、いろんな時代の疫病の姿が映って観えて、「ああ、こういう状態だったのかあ」というのを……。歴史の本で読んだことはあるけど、それが、ああいうふうに映写されるような感じで観ることができて、短期間で学ぶことができる。

で、ナレーションとしてはね？「このときの神の意図はこうだった」とかね、そういうナレーションも入ることはあるから。まあ、それの最新版だよな。

大川紫央　コロナウィルスについては、今はまだ、ナレーションが入っていない状態ですか。

渡部昇一　うん。地上で起きていることについての報道を見ようと思えば、映像で観ることはできるけど、そうだねえ、まだ「歴史」にはなっていないね。

大川紫央　「進行中」ですか。

渡部昇一　「現在進行形」だから、まだ、ヨーロッパがウィルスの中心だったり、次はアメリカが中心になって、今はロシアとかブラジルが中心になってきて。さらに、次はアフリカにも行くかもしれないとか、まあ、そんなことだから、まだ移動中だよね。終わりが来るかどうか、まだ見えていない状況だからね。

「これが何を意味しているのか」というようなことは、こちらの識者も、ちょっと議論したりしてはいるけどね。

神武　コロナウィルスで亡《な》くなった方に、霊界でお会いされたことはございますか。

渡部昇一　うーん、それは、それどころじゃないだろうよ、まだ。死に始めたのは一月ぐらいからだろう？

神武　はい。

渡部昇一　それで、今は、地上は五月か。だから、ほとんどはまだ、あの世の還るべきところまで還ってはいないと思うよ。まだ「地上近辺」か、せいぜい、まだ、「あの世の初歩レベルのところ」にいるか、「地獄《じごく》」にいるかあたりだろうね。

コロナウィルスは「チャイナがつくったに違《ちが》いない」

大川紫央　コロナウィルスが広がっている今、もし、昇一先生がこの世に意見を述べられるとしたら、何かありますか。

渡部昇一　それは、君たちとたぶん一緒さ。

大川紫央　本当ですか。

渡部昇一　それはもう、「チャイナ、チャイナ……」。

大川紫央　（笑）

渡部昇一　「チャイナがつくったに違《ちが》いない」と絶対に言っているね。

大川紫央　でも、普通《ふつう》に見ても、欧米《おうべい》での死者数は、中国国内に比べて高すぎますよね。

渡部昇一　とにかくねえ、嘘《うそ》をつくのがうまいからね。言っていることが全部嘘だからね。その反対だと思わなきゃいけないので。もう、自分たちの利益、国益のことしか考えないで、他国の不利益になることしか言わないから。

だから、日本が、こういう人たちを客に取ってね？　観光客をいっぱい増やしてさ、金を落としてもらうというような感じで、ご主人様みたいに祭り上げようとし始めていたからさ。これに対しては、私は、ブレーキだね、やっぱり。「一定以上は、もうやめたほうがいいよ」って。

大川紫央　安倍政権に対してであっても……。

渡部昇一　そうそう。これらで百貨店やね、ほかの旅行関係のものが潤《うるお》って、あと、地方の観光業も潤って？　それで食っていって、中国語の看板を出させていて、日本に広げようとしたり、中国人を採用させようとしたり、日本の土地を買ったり、日本の水場を買ったり、いっぱいしているとか。あるいは、自衛隊の基地が見えるような高台《たかだい》の所に土地を買ったり？　とても危険なことがいっぱい進んでいたと思うな。

だから、ある意味では、「ちょっとブレーキがかかった面は助かった」とは思うけれども、やっぱり「一線を画すべきだな」ということ。

「日本流の発展・繁栄《はんえい》」を考えないと、中国の大きな経済になっていって、それに吞《の》み込《こ》まれていくかたちで、向こうは、台湾の次に、日本を一つの省ぐらいにしようと思っているだろうから。それくらいは直感で感じて、「独自路線を敷《し》かなきゃ駄目だぞ」ということは、やっぱり言うなあ。

3　国内外のさまざまな政治問題について訊《き》く

「習近平《しゅうきんぺい》国家主席の国賓《こくひん》来日」をどう見るか

大川紫央　習近平《しゅうきんぺい》氏を国賓《こくひん》で呼ぼうとすること自体も、やはり反対はされますか。

渡部昇一　まあ、新天皇が国威発揚《こくいはつよう》できるなら、そういうこともあろうけれども。（中国は）傲岸不遜《ごうがんふそん》だからね。傲岸不遜、慇懃無礼《いんぎんぶれい》の人たちであるから、まあ、「来てやったぞ」みたいな感じになる可能性も高い。

（新天皇は）若いから。元の陛下《へいか》なら、ちょっと年を取っていたから、中国も年寄りにはあまり偉《えら》そうには言えないところだけど、「自分より若い」と思うと、見下す気《け》はあると思うので。「おもてなし外交」みたいなのをやられると、勘違《かんちが》いする可能性はあるな。

大川紫央　確かに、民主党政権のときに、鳩山由紀夫《はとやまゆきお》首相が温家宝《おんかほう》氏を……。

渡部昇一　そうだね。

大川紫央　鳩山さんが首相を辞《や》める直前に温家宝氏が来ていましたが、もう何か、日本も「香港《ホンコン》か台湾《たいわん》か」というように、親中派が倒《たお》れそうになったら、中国の要人が来て、「救ってやろう」という感じの雰囲気《ふんいき》もあったような気がします。

渡部昇一　いやあ、村山富市《むらやまとみいち》とかさ、福田《ふくだ》の息子《むすこ》さんの総理（福田康夫《やすお》）とかさ、それから鳩山由紀夫とかさ、こういう人が●孔子《こうし》平和賞の候補になったりするんだろう？　鳩山さんなんかも、平和賞をもらいたくてもらいたくて、うずうずして、一生懸命《けんめい》、謝《あやま》って回って、謝罪しているんだろうけどさ。

●孔子平和賞　2010年に中国の大学教授らが設立。同年、中国の人権活動家・劉《りゅう》暁波《ぎょうは》氏がノーベル平和賞を受賞したことに対抗してつくられたとみられている。

〝野蛮《やばん》志向〟で世界を押《お》さえようとしている中国

渡部昇一　まあ、価値観はいろいろあるからさ。「先の大戦で、日本はヒットラー並みに悪いことをたくさんした」と思っている人もいるし、中国の映画とかテレビも、そういうことばっかり報道してきて。日本が戦後、中国の発展に協力したところに対して、十分な感謝もしてくれていない人が多かった。

唯一《ゆいいつ》いいことは、「観光客が多く来て、多少、日本の洗礼《せんれい》を受けて、好感を持つ人が増えた」ということぐらいが、いいぐらいだけど。日本の水洗トイレを見ても、使い方が分からんような人たちだからさ。

だから、全体はまだ文明レベルが低いんだけど、その〝野蛮《やばん》志向〟で世界を押《お》さえようとしているからさ。

それは下手《へた》をしたら、カンボジアかなんかのポル・ポトみたいにさ、外国留学した人や高学歴のインテリは皆殺《みなごろ》しに、二百万人が骸骨《がいこつ》に、されこうべにされてしまったけど。あんなふうに、自分たちよりも文明度が高い人たちは、皆殺しにしたくなるかもしれないね。そうしないと、日本を統治できないからねえ。

大川紫央　香港でも、今、デモ活動があっという間にテロと認定されて……。

渡部昇一　いやあ、それは民度が高いから、中国本土よりもね。それは、香港のほうが国際都市だから、民度が高いんだよ。

大川紫央　そうですね。

渡部昇一　世界の「人権思想」も知っているし、「繁栄《はんえい》の方法」も知っている。（中国から見れば）生意気《なまいき》なんだよ。言うことをきかないわけだよ。年下なのに、出世して、〝いい格好〟しているような感じに見えるわけだよ。

だから、野蛮な方法で、「おまえたちは武力に弱かろう。昔の百姓扱《ひゃくしょうあつか》いしてやる」ということだよな。「結局、勝てやしないんだから」ということで。「小さな都市国家ぐらい、潰《つぶ》すのはわけないんだぞ。いざというときは、香港の繁栄が消えたって、中国全体が繁栄していれば、どうってことないんだ」と。まあ、そういうところだろうね。

だけど、このウィルス、まあ、功罪両面あるよ。世界中の人がいっぱい死んだ。●今、三十何万人ぐらいか？　三十万人以上、死んで……。

大川紫央　今、感染者《かんせんしゃ》は五百三十万人を超《こ》えています。

神武　三十四万人以上が亡《な》くなっています。

渡部昇一　うーん。まあ、これも、正確な数字かどうかは分からないけどね。併発《へいはつ》して死ぬ人が多いらしいし。感染者の数も正確ではないだろう、医療《いりょう》機関がつかんでいるものだろうから。これから発展途上《とじょう》国にも広がっていくから、もう数はつかめなくなっていくだろうね。

●今、三十何万人ぐらい……　本霊言を収録した2020年5月25日時点で、世界全体の新型コロナウィルス感染による死者数は34万4101人、感染者数は536万8699人と発表された。

大川紫央　そうですね。少なくとも、「病院に行って検査した人の数」と、「病院がコロナウィルス感染と知っていて亡くなった人の数」なので、病院に行っていない人については把握《はあく》できていません。

渡部昇一　そうそう。感染したままで元気に生きてる人はいっぱいいるからさ、本当は分からないね。

検事長問題に見る、〝フランス革命ギロチン〟の始まり

大川紫央　最近だと、●検事長問題もありました。

渡部昇一　うーん、まあ、そのへんになると、ちょっと遠くはなるんだけどさ。いやあ、「地上にいたら、そんなことでワーワー言うんだなあ」と思って。

定年を延長してもらったのが、不公平でね、うらやましくてしょうがなくてね、そ

●検事長問題も……　『黒川弘務《くろかわひろむ》検事長の本心に迫る』（幸福の科学出版刊）参照。

れで、「自分たちは、今、コロナでこんなに経済的に苦しんでいるのに」というような考えから、まあ、いっぱい左翼《さよく》思想になってくるからさ。

言葉だけ、「官邸《かんてい》の番犬」とか、「守護神」とか言われただけでも〝有罪〟なんだろう？

大川紫央　はい。

渡部昇一　こういうのは怖《こわ》いけどね、気をつけないとね。レッテル貼《ば》りね。怖いよ？

大川紫央　そうなんです。「大衆の怖さを知る」というか、「口コミの怖さ」というか。

渡部昇一　いや、まあ、トータルでいくとね、やっぱりねえ……。こういう時代になると、まあ、昔は「九割中流」と言ってたんだけどね。日本も、一九七〇年代、八〇年代ぐらいは「九割は中流」と言ってたので。上流とかは一割、上流といちばん下がちょっといたかもしれないけど、「九割中流」だったら、まあ、少し嫉妬心《しっとしん》が薄《うす》まった時代もあったんだけど。

今、また、実は役人のほうが高収入になって安定していて、さらに定年まで延長されようとしていて、民間のほうが、今、バタバタ潰れているわけで。お店が潰れ、零《れい》細企業《さいきぎょう》が潰れ、中小が潰れ、大企業まで、おそらく……。

だって、国家や地方自治体の長《ちょう》の命令で、仕事ができないんだもんね。

大川紫央　はい。

渡部昇一　「自粛《じしゅく》してください」と言われたら、これ、〝一発で潰せる〟というのは初めての経験だよね。「あれだけで潰せるんだ」という。「人が来たらいけません。密集してはいけません」と言ったら、もう、これだけで、できない商売が出てくるもんね。それから、「夜間の、お酒で接待は駄目《だめ》です」とか。

芸能系だって、反発はするだろうよ。コンサート系がみんな駄目だし、人を集めないと仕事にならないのに、「集まったらいけない」って言うんだからさ。

いやあ、「嫉妬社会」になるかもしれないね。不幸感覚というか、貧乏《びんぼう》感覚を感じている人のほうが多くなってきているから。

大川紫央　定年とかいう問題ではなくて、そもそも、「今の仕事がなくなって、次はどうすればいいか」という不安に、みなさん、襲《おそ》われている最中《さいちゅう》ですよね。

渡部昇一　そう。まあ、私らは大学教授としては、定年はそれはあったけれども、評論家や作家としては定年がなかったからさ。まあ、そのへんに対しては寛容《かんよう》なところはあるんだけどね。

まあ、最後、賭《か》けマージャンをしたとか、そんなのでクビにする。それで今、退職金を取り上げようと思って、一生懸命、またやっているところなんだろうけどね。

もし、本当に、役人一名で安倍《あべ》政権が護《まも》れるなら、それは、ものすごく強大な力だし、ものすごい能力ということになるけど、現実は「象徴《しょうちょう》」なんだろう？　単にね。

うーん。

まあ……、やっぱり、そろそろ〝ギロチン〟〝フランス革命ギロチン〟が始まろうとしているんじゃないの？

そのあとに来るものは、必ずしもいいものではないよ。

「イメージだけ」で判断する日本の民主主義への不信感

渡部昇一　やっぱり、〝ギロチン型民主主義〟の場合は、偉い人をみんなクビにして「共和政」みたいに仕事をするから、リーダーがいなくて、「王政」よりも厳しい「帝《てい》政《せい》」が戻《もど》ってきたりして、行ったり来たりするからね。強いリーダーを潰しにかかってくるので。
そのあと、自分たちではできないことが分かってきて、また困るんだよね。
大川紫央　それでまた今度は、「とても強い人を求めるようになって、独裁制になっていく」ということはあるかもしれませんよね。

渡部昇一　そうそう。だんだん「独裁者」みたいな人に引っ張られるようになっていくので。

まあ、安倍さんも明治以降の最長政権になったから、嫉妬はだいぶされている。内部からもね、政治家からもされてはいるし。「自分の言うことをきいてくれそうな人を、見え見えで登用している」というのがね、嫉妬を買っているんだろう？

昔の時代は、ライバルに当たる人でも閣内に取り込《こ》んでね、それでおとなしくさせるというか、総理の権限でね、権威でね、させるようなこともやっていたけど、自分に反対する人まで閣内に取り込むほどまでの器量はないんだろうからさ。

だから、なるべく気の合う人でやろうとすると、必然的に何となく、「能力が低くて、忠誠を誓《ちか》って、敵に対して吠《ほ》えるようなタイプの人」が増えてくるから、長くやれば、〝ご機嫌《きげん》取り〟が増えてくるのはしかたがないよな。

神武　安倍首相の次の首相になるような方は、霊界《れいかい》から見えたりするのでしょうか。

渡部昇一　まあ、このあとは、しばらく厳しいんじゃないかなあ。もう、小池《こいけ》（百合《ゆり》子《こ》）さんにしたって、もっと独裁者っぽいかもしれないし、マスコミとかは、ちょっと〝テレビ映りの感触《かんしょく》〟ぐらいで考えるからさあ。

大阪《おおさか》の吉村《よしむら》府知事が、ね？「パフォーマンスがうまかった」とか言って、「首相に」とか言うような……。まあ、こんなのを見ると、民主主義もちょっと不信感は感じるんだよなあ。「イメージだけ」でいいからさ。それは蓋《ふた》を開《あ》けて見たら、小泉進《こいずみしん》次郎《じろう》以下かもしれないしね。だから、今しばらく、まあ……。

大不況《だいふきょう》は、おそらく来るんだろうとは思うんだよ。この責任を取れるような人がいるかというと、かなり厳しいだろうねえ。

なぜ、中国は香港《ホンコン》への締《し》めつけを強化しているのか

大川紫央　確かに、中国もそうですし、日本もそうですが、統治者からすると、思い

描《えが》いていた「未来の計画」が、コロナウィルスで崩《くず》れたところはありますよね。

渡部昇一　いや、中国も、今、香港《ホンコン》をいじめに入ろうとしているけど、〝見せしめ〟をつくらなければいけないんですよ。〝見せしめ〟をつくらないと、中国本土内で反乱が起きる可能性が高い。

大川紫央　ああ。外を攻撃《こうげき》することで、内部反乱を鎮圧《ちんあつ》するというか、関心を逸《そ》らそうとしているということですね。

渡部昇一　そうそう。だからねえ、七パーセント以上成長することが「共産主義神話」「共産党神話」になっていたのが、マイナス成長でしょう、ほぼ。間違いなくマイナス。まあ、数字は偽造《ぎぞう》するかもしれないけれども、マイナス成長だろうから、生活が苦しくなるわな。

だから、海外で遊べていたのが遊べなくなるし、出稼《でかせ》ぎみたいに海外へ行って儲《もう》けて送金していてくれた人たちのほうが、みんななくなってくるし。何よりも、習近平の肝煎《きもい》りの「一帯一路《いったいいちろ》」戦略が、今、崩壊《ほうかい》の危機に来ているわな。それどころか、ヨーロッパやアメリカから〝犯人扱い〟されて、責められてるわな。

だから、いや、危機は危機なので。内部の締《し》めつけ、香港とかの締めつけとか、アメリカが護ろうとしている台湾・香港・ウイグルとか、このあたりに、逆に、「(中国への批判を)言えば言うほど、いじめるぞ」というのをやるだろうね。

だいたい、前のペストか何かのときも、ジンギス・カン(チンギス・ハーン)が、あれはね……。

大川紫央　運んできました。

渡部昇一　うん、ヨーロッパまで運んできたものだからねえ。

まあ、人口が多いから、経済的に発展したように見えてもだね、まだねえ、平均的な民度が低いからさ、あれで世界をリードするのは無理なんだよ。アメリカやヨーロッパが言ってることを、まだ理解できないんだよ、レベル的に。

習近平もアメリカに行ったことはちょっとあるけどさ、短い期間、三カ月ぐらい。

農業研修か何かで行って、〝農協さん〟だからね。

大規模農業の勉強にちょっと行ったぐらいで、都市部に行ってないからさ、勉強してないんだよ。だから、分からないので。「価値観の自由」とかね、「議論の多様性」とか、そんなのは分からないので。「大規模農場型で中国をまとめたい感じ」なんじゃないかなあ。

まあ、いずれは、もう崩壊はすると思うんだけど、うーん……。ただ、世界経済は、けっこうダッチロールはするだろうね。

「新天皇による訪中」が危険である理由

渡部昇一　まあ、中国を発展させたのは、アメリカと日本の力が大きかったからね。これにEUまで加わって、利を食《は》もうとしたんだけどね。これがちょっと止まってくるから。

あと、インドが成長してきているよね。それから、産油国が全体に、今、非常に厳しい感じになってきているし、「アフリカの貧しさを誰《だれ》が解決するのか」という問題ね。

だいたい、アフリカの人たちでも、中国の「一帯一路」で融資《ゆうし》をしてくれて、インフラをつくってくれるのが、「国を取りに来ているんだ」ということが分かってきたからさ。「もうこれ以上、援助《えんじょ》をもらうのは危ない」って。アジアの諸国は、もうだいぶ分かってきているし。

だから、中国の援助から借金をしたら、要するに、高利貸しの取り立てに遭《あ》うのと同じで、「身ぐるみ剝《は》がされる」というのが分かってきたからさ。

まあ、これは頓挫《とんざ》するだろうよ。で、国内経済が悪くなったら、いずれ失脚《しっきゃく》するだろうね。まあ、「大躍進政策《だいやくしんせいさく》」も「文化大革命」も失敗しているからね。「天安門《てんあんもん》（事件）」だけはうまいこと切り抜《ぬ》けてね、経済発展のほうに目を向けたからら。あれはたぶん、日本やアメリカが中国に手を差し伸《の》べちゃったのが失敗なんだよ。

大川紫央　そうですね。日本からも企業家の方がそうとう交流をして、中国の発展を……。

渡部昇一　そうなんだよ。天安門に戦車を出して学生をいっぱい殺したのに、それをキチッと糾明《きゅうめい》して人権問題をやらないで、手を差し伸べて。

それが上皇陛下、先の天皇のときに中国に行ったのが原因で、日本は中国を〝最恵《さいけい》国待遇《こくたいぐう》〟みたいにしなければいけなくなってきて、復興がすごく早くなっちゃったよね。

だから、「今回、あのときのツケをもう一回やるのではないか」ということでね、「今の新天皇が、また中国へ行って笑顔を振《ふ》りまいてきたら、危険なのではないか」というのを、保守の言論人は言っているんだろう。

4　今、必要なのは「自助論」の精神

「欧米《おうべい》が、まだしばらく文明を引っ張っていくべき」

渡部昇一　いや、私はね、まあ、今はコロナでだいぶダメージはあると思うけど、やっぱり、「欧米《おうべい》が、まだしばらく文明を引っ張っていくべきだろう」と思っていますよ。まあ、英語、ドイツ語をやった人間だから、そう思うのかもしれないけどね。

やっぱり、人間としての「文明度」というか「進化度」は、やっぱり高いよ、どう見てもね。日本人も、そのレベルまで行っていない人はまだ多いのでね。だから、〝一人当たりの値打ち〟が高いんだろう？

大川紫央　「欧米のほうが」ということですね。

渡部昇一　まあ、中国なんか、それは、「発展した」といったって、まだ〝五人集まって欧米人一人ぐらいのレベル〟だろうと思うよ。そんなものだし、日本に対しても、そんなものだと思うから。

日本は、何とか、三十年の停滞《ていたい》に、さらにこの大不況《だいふきょう》、コロナ・ストレスから抜《ぬ》け出さなきゃいけないなあ。だから、次のリーダーは、それをやらなきゃいけないけど。まあ、また、あれだよ。おたくでも本を出したけどさ、だから、「自助論」の世界だよ。やっぱり、これしかないんだよ。

まずは一人のリーダーだけで引っ張ろうとするのは無理。独裁者を生むことに、きっとなるから。明治のときのように、みんなが「自助論で行こうよ。頑張《がんば》っていこうよ」ということで。

大川紫央　そうですね。

●おたくでも本を……　渡部昇一氏と宮地久子《みやちひさこ》氏によって現代語訳された『自助論—西国立志編《さいごくりっし》—（上・下）』(「教養の大陸」シリーズ)が幸福の科学出版より刊行されている。

「ニュービジネスをつくれるような人が教育に参画すべき」

渡部昇一　それから、教育に「もう一段の付加価値」を付けないと。教育はねえ、だから、官制の教育を百何十年やったけど、今はもう駄目《だめ》で。国際競争力が落ちてるから、これはもう駄目なんで。

やっぱり、「起業家」っていうか、まあ、「ニュービジネスをつくれるような頭を持った人」が教育に参画しなきゃ、やっぱり駄目だと思うんですよ。政府の役人がつくった教育は、もう駄目なんで。

おたくの、何？　私も学長になり損《そこ》ねたけど、エ、エイ……、ハッピー……？

神武　ハッピー・サイエンス・ユニバーシティ●です。

渡部昇一　ＨＳＵ？　ハッピー・サイエンス・ユニバーシティ？　何かいいなあ。私は、いや、それは、みんなの期待を裏切って申し訳ないけど、〝文科省の支配下

●ハッピー・サイエンス・ユニバーシティ　本書 p.116 参照。

の学校〟になんか、なってもらいたくない気持ちがあって。

大川紫央　（笑）なるほど。

渡部昇一　しばらく自由にやって人材を出したほうが、得かもしれないなと思うよ。だって、支配下に入ったら、みんな駄目になっていくから。赤字になって、起業家体質の人がいなくなるんだよな、大学から。

だから、これは駄目ですよ。引用ばっかりしたり、それから、もう何て言うかなあ、うーん……。「引用する論文を書くのと、横文字を縦に直すだけ」みたいなものでは駄目で、「発信」しなきゃいけない。自分たちで考えて発信しなきゃいけないので。

大川紫央　あと、今の教育だと、専門が細《こま》かく分かれすぎていて、「大局観」が持てないんですよね。

渡部昇一　そうそう。いちおうね、大学の教授とか、そういうプロになるために一定の修行《しゅぎょう》が要《い》るんだけどね。

大川紫央　そうですね。

渡部昇一　私だってさ、それは、細かい文法とか、まあ、いろいろやったけどね。それを元手にして、職を得たら、広げていってね、「もうちょっと幅広《はばひろ》い大局観」を持つようになることが大事なんだよね。

今は、大川隆法先生とかはそういうことを勧《すす》めているし、自分も実践《じっせん》されているでしょう? だから、教え子のみなさんも、たぶん、そういう傾向《けいこう》はあると思うんだよ。だから、〝文科省の網《あみ》〟をかけられてねえ、ほかのところと同じ学校にされたら、やっぱり、とても危険な気はするから。「リスクを冒《おか》して、勇気を持って、いろんなことに手を出していくような人たち」をつくって、「自助論の世界」をつくらなければ駄目さ。

明治のころの学校なんていうのは、まあ、私塾《しじゅく》みたいなのばっかりだからね、みんなね。明治維新《いしん》も私塾から生まれているしね。だから、ちょっと、その精神を失っちゃあいけないと思うので。

大川紫央　でも、確かに「自助論」の思想自体、欧米型の、「人間一人ひとりに力があって、伸《の》びしろがある」という考え方だからこその思想ですよね。

渡部昇一　そうだよ。だから、「自分で自己啓発《けいはつ》して、一定のレベルまで行った人はリーダーになれる」という考えだからね。

「社会福祉《ふくし》思想は駄目《だめ》。やっぱり、自助論で行こうよ」

渡部昇一　だから、今、危ないのは、「社会福祉《ふくし》思想」で、それと戦ってるんだよ。

大川紫央　そうですね。

渡部昇一「共産主義」はね、日本では、ずばりは人気はないけど。でも、「社会福祉思想」は人気があるんだよ。

だから、こういうコロナ不況が来たら、もう「面倒見《めんどう》てくれ」っていうところばっかりさ。「政府が言ったし、東京都知事が言ったから、店を閉めていたら、家賃も払《はら》えないし、人件費も払えない。累積債務《るいせきさいむ》はこれだけだ。これだけ補助金をくれなかったら、うちは潰《つぶ》れてしまう」。そんな、口を開けて待っているようなところばっかりさ。

だけど、救われはしないと思うよ。「客が来ない」というものは、解決しないので。補助金をもらっても、過去の借金を清算しても、新しく仕事を続けることにはならない。できないし、客は呼べないし。政府のほうも借金だらけなのに金を出したら、何が起きるかということだよね。破産が来るかもしれない。

東京都も石原《いしはら》都知事が貯《た》めた一千億……、いや、九千億だったかなあ、ぐらいの金を貯めていたのが、小池《こいけ》さんが、もう本当に数カ月で全部使い果たしそうだということになってるよな。自分の任期中はそれでいいだろうけど、ああいうふうな……。
　まあ、あれは〝マスコミ視線〟だよなあ。

大川紫央　はい。

渡部昇一　〝マスコミ視線〟でやっているけど、本当に、「実際にマスクを外して街を回ってみろ」ということだよなあ。

大川紫央　トランプ大統領は、マスクはしていないですよね。

渡部昇一　いや、（小池さんは）分かっていないと思うよ。そういう、お店をやっている人の気持ちや、零細企業《れいさいきぎょう》、中小企業の気持ちや、大企業……。航空会社であれ、新幹線であれ、「乗車率ゼロにしたらどうなるか」っていうの？「乗客率ゼロ」にしたら。

それは大変だよ。せっかく稲盛《いなもり》さんがＪＡＬ《ジャル》を立て直したって、また破産だよね？　これはねえ。また国費投入。どこまで借金を増やすのかということになるから。もう「自助論」なんだよ。これで行かなきゃ。

「社会福祉思想」は駄目《だめ》で。国家による経営？　もう「全部丸ごと見る」みたいな。中国がやっているつもりだろうけど、これは、たぶん、こけてもらわないと駄目なんだけど、成功しているように見せているから、一生懸命《いっしょうけんめい》。で、「疫病《えきびょう》の封鎖《ふうさ》にも社会主義は役に立つ」というＰＲに励《はげ》んでいるんだろう？中国やベトナムな。

これはねえ……、いや、やっぱり「自助論」で行こうよ。これをやっぱり、もっともっと言うべきだよ。

大川紫央　はい。

「ポスト・コロナは〝闇市経済《やみいち》〟から始めなくてはいけない」

渡部昇一　やっぱり、自分で努力しろよ。勝手に店をやめてさあ。そして、自粛警察《じしゅく》か？　「『三密《さんみつ》に反して、まだ営業しています』なんて張り紙を貼《は》られた」とか言って被害《ひがい》意識を持ったり、被害意識を持ったまま、次は焼身《しょうしん》自殺したりする人が出てきたりするわけで。

いやあ、自殺するぐらいなら、やっぱり戦わなくちゃあいけないですよ。「食べていけないので」って。「家賃や従業員代を払ってくれるのなら、言うことをききますけど、商売させてくれなくて、そんなの払えません」と。

それはねえ、やっぱり、闇市《やみいち》をやってでも食っていくところから、資本主義は始まるんですよ。自由主義もね。闇市なんですよ。だから、「コロナ後」「ポスト・コロナ」って、これからテーマになると思うけど、やっぱり、〝闇市経済〟から始めなきゃいけないので。

〝闇市経済〟は、「統制の目をかいくぐって、生きていくために戦う時代」なんだよ。

そういうのを五年、十年とやっているうちに、元に戻《もど》っていくのさ、全体がね。だから、もう、「小池さんの判断」とか、「安倍《あべ》さんの判断」とかだけで、やっちゃあいけないよ。

「自助論の人が、タケノコのように生《は》えてこなければ駄目《だめ》」

渡部昇一　逆に、今度、検察がね、〝いじめ〟をして。「悪いやつは政治家だから、誰《だれ》かしょっ引《ぴ》いてこい」ということで、〝ガス抜き〟で「政治家とカルロス・ゴーンみたいな経営者をしょっ引いて、ブタ箱に入れたら、庶民《しょみん》の憂《う》さ晴らしになる」みたいなだけでは経済は発展しません。

大川紫央　それでは何も変わらないですよね。

渡部昇一　何も変わらない。要するに、単に〝ガス抜き〟だけなので、本当に。それだけのため。〝ガス抜き政治〟は駄目《だめ》ですね。

だから、嫉妬《しっと》するんだけどねえ、やっぱり、嫉妬を突《つ》き抜けてくるには、タケノコみたいにいっぱい生《は》えてこなきゃ駄目なんだよ、「自助論の人」が。一人だけだとねえ、やっぱり嫉妬されるだけで、撃《う》ち落とされるから。そういう、数多くの〝タケノコ〟を生やそうと……。

「パンダが喜ぶだろう。ねえ？「パンダ経済学」だ。「パンダ経営学」「パンダ経済学」をつくることが大事で。タケノコがいっぱい生えてくることは、幸福のもとだ。

大川紫央　（笑）なるほど。昇一先生にまで「パンダ」と言っていただけるとは。

渡部昇一　うーん、まあ、有名だからねえ。

大川紫央　（笑）

渡部昇一　本家の中国から、もう、パンダを取ってしまわなきゃ駄目。「日本で生ま

●昇一先生にまで「パンダ」と……　大川紫央総裁補佐は「パンダ」と自称することがある。『「パンダ学」入門―私の生き方・考え方―』（大川紫央著、幸福の科学出版刊）参照。

れたら、日本人だ！」っていう。ねえ？

大川紫央　そうですね。

渡部昇一　これを増殖《ぞうしょく》する方法を考えついたら……。

大川紫央　「私たち、日本人あるよ」。

渡部昇一　そうそう。ああいう考えね。「貸し与《あた》えてる」とかね、「餌代《えさ》はそっちで持て」とか、「入院費も持て」とか言ってねえ。で、「最後は中国に召還《しょうかん》するぞ」と、こう……。まあ、「何という、せこい商売をするんだ」っていう感じだなあ。

大川紫央　確かに。そういうのを見ても、（中国は）いつも〝上から目線〟なんですよね。

渡部昇一　まあ、「大中華思想《だいちゅうかしそう》」は、もういいよ。もう、ずいぶん、千年も二千年もやったんだろう。もういいよ、これからは。

そうじゃなくて、やっぱり、欧米のいいところはね、自助努力した個人がね……。例えば、アメリカだって、黒人の家庭に生まれたって、奨学金《しょうがくきん》をもらいながら、「ハーバード」だ、「イェール」だを出た人たちが、やっぱり、今、ある程度、偉《えら》くなれてるよね。

まあ、そういう「学歴信仰《しんこう》」がすべてではないけれども、「何らかの知識を得ることで、技術や専門的な考え方を持てるようになって戦える」っていうことは、大事なことだよな。

もう一回ねえ、恐《おそ》れず〝闇市経済〟をつくる。だから、小池さんや何かの統制の網をくぐって、やらないといけないし、もう、経済封鎖はもうすぐ終わるとは思うけど、第一回目はね。

ただ、あれはそうとう引くから、経済が、もしかしたら、業界によっては一割ぐら

●経済封鎖はもうすぐ終わる……　本霊言収録後、首都圏と北海道における新型コロナウィルスに関する緊急事態宣言（経済封鎖）が解除。4月7日以降、全国に拡大した緊急事態宣言は約1カ月半ぶりに終了した。

い以内に縮んでるから、これは客を戻すのは大変だよ。

大川紫央　そうですねえ。

渡部昇一　うーん。何か、人が集まっちゃいけないように言われたらさあ、しばらく……。だって、「大相撲《おおずもう》は、もう客なし」「甲子園《こうしえん》野球はなくなった」「コンサートは駄目」、これは、ちょっと……。だから、〝罪人感《ざいにんかん》〟があるわけよ、やってた人たちに。これを戻すのは、ちょっと大変だよ、しばらく。

「日本を再生させるのは、ポスト安倍《あべ》ではなく『自助論型』の人たち」

大川紫央　でも、やはり、人は病気だけで死ぬわけではないですから。

渡部昇一　そう、いずれ死ぬんだからさあ。

大川紫央　いずれ必ず何かで死んでしまいますし……。

渡部昇一　いや、転んでも死ぬんだからさ。

大川紫央　そうですね。経済が苦しくなっても死んでしまいますしね。

渡部昇一　だから、「ポスト安倍《あべ》」は、私はねえ、誰とも分からないけど、誰がやっても、安倍さんみたいに長期にはならずに、短期の交代にたぶんなるだろうとは思うけど。ただ、「その人が日本を再生させるのではない」と思う。

　そうじゃなくて、やっぱり、「自助論型」をもっと広げたほうがいい。だから、●サミュエル・スマイルズ等の考えは、今読むと、もう古いから、難しいから、新しいかたちで、それを違《ちが》う切り口で教えてあげることが必要だよ。

　日本は、まだねえ、そういう嫉妬心が強くて寛容《かんよう》でない

●サミュエル・スマイルズ等の考えは……　2020年１月23日と29日に、「サミュエル・スマイルズの霊言」を収録している。『サミュエル・スマイルズ「現代的自助論」のヒント』（幸福の科学出版刊）参照。

から、〝ビル・ゲイツ〟一人持つことができないんだよ。なかなか、そこまでは行かないからさ。もうちょっと、一人の能力を磨《みが》いたら、どこまで行けるか。やっぱり、次々と、あとを目指す人が出なきゃいけない。

だから、HSUなんかも、そんな人が出てきてほしいなあ。「経営成功学部」とから出てきてほしいし、「未来創造学部」なんてねえ、文科省の嫌《きら》いな学部の名前だろうけど。でも、「未来創造する人」は必要だと思うなあ。

だから、そういう人に出てきてほしいから。君たち、あまり、統制に屈《くっ》しちゃあ駄目だと思うよ。

「九月入学は論点のすり替《か》え。夏休み返上で補習授業を行うべき」

神武　教育のところで、今、学校が休校している流れから、「九月入学にしたらどうか」という話が出ています。

渡部昇一　これは、ずるいと思う。すり替《か》えだね。〝完璧《かんぺき》なすり替え〟だよね。

神武　不満を逸《そ》らそうとして……。

渡部昇一　だって、あなたがたのところ（HSU、幸福の科学学園）、やれているんでしょ？

神武　はい。

渡部昇一　だから、自分たちが恐れていただけで、もし、万一《まんいつ》、コロナが子供たちに流行《はや》ったときに、政治家は責任を問われるからやっただけで、自分たちが授業をサボらせたのを、「九月入学に変えたら国際性があるよ」とかいう。

まあ、こういうすり替えは要注意だよ。これ、〝中国化〟だから、こういうすり替えっていうのは。

大川紫央　確かに。〝論点すり替え〟で問題が見えないですよね。

渡部昇一　それは、夏休み返上ですよ。「夏休みを返上して、ちゃんと勉強しなさい」って、補習授業で。（学校の）先生も休んでたんだろ？　そんなの、夏休み返上ですよ。

大川紫央　確かに。先生たちは、お給料が出ていましたよね。

渡部昇一　出て、給料をもらって、教えてないんだからさあ、夏休み返上ですよ。そんなの当たり前じゃないですか。そんなこと（九月入学）はしてはいけないですよ。

大川紫央　九月入学だと、結局、社会人になるときに、会社にもすごく影響《えいきょう》を与えますよね。

渡部昇一　そうですよ。半年〝浪人《ろうにん》〟だから。

大川紫央　たぶん、この経済状況下で、そこまで体制を改革するようなことをやってしまうと、混乱して大変なことになってしまうと思うんですよね。

渡部昇一　みんな留年するような状態、留年するような感じになるからね。

「海外留学の観点から見ても、九月入学には意味がない」

渡部昇一　それに、今、海外留学も数は減っているけど、それは日本のレベルが上がったからで、海外に行ったって、もう、そんなに学ぶことはなくなってきてるんだよ。

大川紫央　「語学だけ」というような感じですよね。

渡部昇一　うん。で、これ、コロナでこれだけいっぱい死んだらさあ、もう留学者も減るよ、きっと。

大川紫央・神武　確かに！

大川紫央　本当ですよ。この状況で、しばらくみんな、海外には行かないですからね。

渡部昇一　これから減るから。九月入学なんて、何の意味もないよ。

大川紫央　本当ですね。

渡部昇一　うーん。ほとんどないよ、意味は。

大川紫央　今は、海外に行くのも勇気が要るので、なかなか、国際交流は復活しないですよね。

渡部昇一　うん。もし就職しないでね、留学を決めてた人がいたらね、それは今、大変な目に遭《あ》ってるはずだと思うよ。

だからねえ、いや、アメリカだけが唯一《ゆいいつ》、日本よりちょっと超《こ》えてるけど、ドイツもフランスも日本を超えてはいないんだよ。一部分で優《すぐ》れたところはあるけど、もう学ぶものはないのさ。イギリスだって、日本のほうが超えてるからさあ。本当は、もうアメリカだけが、まだちょっとだけ優れた人がいて、場合によっては、三年から五年進んでるけど、日本より後《おく》れているところもある。

だから、もう、留学は少なくなって当然で。語学の勉強はしてもいいけど、ビジネスでね、必要な範囲《はんい》内でやればいいけど。全員が海外留学するわけじゃないからさあ。九月入学なんて、ほとんどもう意味ないよ。

海外留学する人は一部なんだから、三月で卒業して、留学までの間、語学学校でも行って勉強してから行ったらいいんだよ。それだけのことだよ。

大川紫央　そうですね。

渡部昇一　専門で語学だけやってないだろ？　だから、語学も、ちょっと勉強を半年ぐらいやってから、行ったらいいんだよ。

5 「未来は幸福の科学にあり」

「幸福の科学のなかから『未来の種』を探すべき」

大川紫央　現代の日本へは、「自助論」ということで。

渡部昇一　そうだし、大川先生が説く「信仰論《しんこうろん》」も大事だから。日本の信仰心が薄《うす》れてねえ。欧米《おうべい》に学んでも、唯物論《ゆいぶつろん》になってしまっているから、完全に。やっぱり、「これは違《ちが》う」っていうところは知っといたほうがいいよ。みんな、「神が創られた世界」を解明しようとして、自然科学も発展しているので。

大川紫央　本当にそうですよね。

渡部昇一　それを忘れてさ、「自分らがつくった世界」しか見えていないから。ここの認識を開く必要はある。これは、私が今、証明している。あの世があるんだ。あの世があったら、今の科学者だって何にも知らないのと一緒《いっしょ》だから、ほとんど。

〝地面の上〟ばっかりを研究してるので。「地球の気温が何度上がれば、人が死ぬ」とかさ、そんなことばっかり言ってるんだろうけど、「あの世の世界もあるんですよ」って。まったく知らないでしょう。

それから、君たちがやってる「宇宙人」「宇宙」の世界もある。ねえ？　これも研究しなきゃいけないけど、まったく信じてもいない人がいっぱいいるから。

だから、「未来はもう、幸福の科学にあり」だよ。まあ、ちょっと、〝よいしょ〟して申し訳ない。ハハハ（笑）。

大川紫央　（笑）みなさん、必ず〝よいしょ〟してくださるという……。

渡部昇一　いやいや。未来は幸福の科学にあるよ。このなかから、「未来の種」を探すべきだと思うね。

私亡《な》きあとは、もう大川隆法さんの本だけ読んでいればいいのよ。まあ、新聞やテレビは、チョロッとだけニュースを観《み》れば、もうあとはほとんどないから。今は、幸福の科学の本はねえ、「本一冊が百冊分以上の値打ちがある」と思うよ。本当にそう思う。

大川紫央　総裁先生の説かれる教えは本当にそのとおりで、そこを学ぶ以外に、人類の未来はないと思います。

渡部昇一　うん。

「大川先生は、現代のモデルになるべき人だと思う」

大川紫央　（私の言った）〝よいしょ〟というのは、私たち弟子《でし》の力が及《およ》んでいないことに対しての……。

渡部昇一　いや、私なんか、〝古本屋のおやじのすすめ〟みたいなものだから、やった生前の仕事はね。

大川紫央　いいえ、とても大切な考え方や勉強の意義をさまざまと、日本に遺《のこ》してくださいました。昨日《さくじつ》、総裁先生は、「平凡《へいぼん》からの出発」という教えを説き直してくださったのですが……。

渡部昇一　いいねえ。

大川紫央　やはり、「自助論の精神」を総裁先生はずっとお持ちだからこそ、「平凡からの出発」で……。

渡部昇一　そうだよ。

大川紫央　「もう一回、いつでもやり直す気持ちで、生きていくんですよ」ということをおっしゃってくださったのだなと思いました。

渡部昇一　私だって凡人だし、田舎《いなか》生まれだし、バカだから、上智《じょうち》大学に受かって行ってみたら、よかったので、そのまま居座《いすわ》っちゃって。今の筑波大《つくばだい》？　昔の東京教育大？　文理大（東京文理科大学）かな？　行けば、教師としてはエリートなのに、それに行かないで、上智大に居座っちゃって。

やっぱり、聖職者が教えてくれる英語とか教養が魅力《みりょく》で行って、道が拓《ひら》けたのでね。だから、宗教を勉強して目覚めたところもあるし、英語が道を拓いたし、ドイツ語が道を拓いたから、「勉強に力がある」っていうことを、実際に身をもって体験した人間だからさ。

大川先生もそうだと思うんですよ。大学で勉強したところは役に立っていると思うけど、それ以外は「自助論」だと思うんですよ。自分で勉強して、道を拓いてきているので。やっぱり、これは、「現代のモデルになるべき人」だと思うよ。

大川紫央　はい。すみません、では、お時間も……。

渡部昇一　ああ、長くなったな。編集部に申し訳ないから……。

大川紫央　いえ、「とてもありがたいお言葉」と、「未来への指針」を頂きました。

渡部昇一　だから、次の政治家、リーダーにそんなに頼《たよ》るなよ。もうさあ、大したことないから。

大川紫央　自分たちでサバイバルしていかなくてはいけないですね。

渡部昇一　新聞を見て、判断しているだけぐらいだから。教養がないからね、そんなに。もう、新聞とテレビだけで右往左往《うおうさおう》しているから。

前回の霊言《れいげん》から一年、あの世で小野小町《おののこまち》には会ったのか

大川紫央　最後に全然違う質問なんですけれども、小野小町《おののこまち》さんとはお会いになられましたでしょうか。

渡部昇一　（約五秒間の沈黙《ちんもく》）あのねえ、今世《こんぜ》でねえ、〝修行《しゅぎょう》〟を怠《おこた》ったためにねえ、私、「美の基準」が分からなくてねえ。

大川紫央・神武　（笑）

渡部昇一　とにかく、「大学の先生っていうのは、もう、女子大生に手を出さなければ安泰《あんたい》だ」っていう、こればっかり刷り込《こ》みをしっかりされていたので。特にカトリック系の学校だったから、そのへんは保守的なので。

「女子大生に手を出したら、いかなる言い逃《のが》れもできない」っていうことで、「クビになる」というので、家族を養うためには、これだけは何としても見ちゃいけないと思って、美醜《びしゅう》の感覚をできるだけ持たないように努力していたため、今、心境がまだ、はるかに届かず。

大川紫央　なるほど。

渡部昇一　これから開拓《かいたく》せねばいかんが、〝眼鏡《めがね》をかけた古本屋のおやじ〟では、ちょっと、美女を口説くのは難しい。もうちょっと最先端《さいせんたん》のところでかっこよくやらなければ、難しいので。まあ、〝来世《らいせ》の希望〟として残しておくことにする。

大川紫央　分かりました（笑）。

「志《こころざし》の大きい人」は自分の実績が小さく見える

渡部昇一　いやあ、大川先生みたいな人はうらやましいですよ。勉強して、知的で、そして、知的で美人な奥様《おくさま》をお迎《むか》えできて。また、周りにも、知的で美しい女性がいっぱいお手伝いに来てくださって。いやあ、うらやましいですね。

大川紫央　先生はいつも自分のことを、とても低く低くおっしゃっています。

渡部昇一　それはねえ、「志《こころざし》が大きい」だけのことなので。志の大きい人はねえ、自分の実績が小さく見えるんだよ。本当は巨象《きょぞう》のように歩いていても、蟻《あり》が歩いているようにしか、自分のことが見えないのさ。

大川紫央　そんな感じで、いつも考えていらっしゃると思います。

渡部昇一　世界が広いから、そう見えるのさ。
でも、頑張《がんば》って、私ができなかったところまでやってくれたら、うれしいな。うん。期待しているよ。

映画「心霊喫茶《しんれいきっさ》『エクストラ』の秘密」はあの世でも上映している？

神武　すみません、本当に最後に一個だけ。
最近、幸福の科学の映画で、「心霊喫茶《しんれいきっさ》『エクストラ』の秘密」という作品を地上では公開しているんですけれども、霊界《れいかい》でも上映会とかはありますでしょうか。

渡部昇一　ああ、やっているらしいねえ。ちょっと聞いたことは……。ダイジェストみたいなものは観たことがある。コマーシャル用かな、君たちの。三分ぐらいか何かのダイジェストみたいなものは、ちょっと観せてもらったことはあるけど。全編は観ていないんだけど。
というか、われわれの世界から見たらさあ、「水のなかから外を見ているような話」

●「心霊喫茶『エクストラ』の秘密」　2020年5月15日公開の実写映画「心霊喫茶『エクストラ』の秘密―The《ザ》 Real《リアル》 Exorcist《エクソシスト》―」。製作総指揮・原作 大川隆法、脚本 大川咲也加。

だからさ。海女《あま》さんが眼鏡をかけて潜《もぐ》っているような世界で、海のなかから、外の世界を見ているような感じだからさ。
こっちに来ると、ちょっと違ってくるのでねえ。まあ、「視点が変わる」って、そういうことなので。
この世で、悪いものを祓《はら》ったりねえ、成仏《じょうぶつ》できない人に、あの世を指し示そうとしているんだろ？　こっちに還《かえ》っちゃったら全然違う。

大川紫央　悪霊《あくれい》とかとは会わないですもんね。

渡部昇一　うん、いないもん。

大川紫央　そうですね。

渡部昇一　まあ、「そのうち、そういう仕事も出てくる」とは言われているんだけどね。

大川紫央　なるほど。

渡部昇一　「教えたりする仕事もある」とは言われているんだけど、まだそこまでは行っていないので。

まあ、知ってはいるけど、地上は地上で頑張ってください。

大川紫央　はい。分かりました。

神武　ありがとうございます。

大川隆法　はい（手を一回叩《たた》く）。

あとがき

生前も帰天後も、昇一先生は、さわやかで明るい。その学恩《がくおん》を感じて、私も、自助論と勤勉さ、積極的な考え方の力、そして信仰心の大切さを説き続けている。

先生の霊言は、帰天後三冊目になる。霊界からの視点で、わかりやすく、具体的な話が今後とも頂けると有難《ありがた》いと思う。

信仰論と霊界観が全く欠如《けつじょ》した現代の学問に、何とかピシッとした主柱を樹《た》てたいと思っている。

私の説法はまもなく、三千百五十回に達し、書籍は、二千六百五十冊を超える。昇一先生の年齢まで働けたらどこまで行けるか。ささやかな蟻《あり》の一歩が、来世では巨象の一歩に変わっていたら、と想像すると、少しだけ心が軽くなり、明るくなる。全てをなし遂《と》げることはできないが、今日も一歩を進めるのみである。

二〇二〇年　五月二十九日

幸福《こうふく》の科学《かがく》グループ創始者兼総裁《そうししゃけんそうさい》　大川隆法《おおかわりゅうほう》

『渡部昇一「天国での知的生活」と「自助論」を語る』関連書籍

『太陽の法』（大川隆法 著　幸福の科学出版刊）
『黄金の法』（同右）
『永遠の法』（同右）
『新しい霊界入門』（同右）
『愛は憎しみを超えて』（同右）
『大川総裁の読書力』（同右）
『堺屋太一の霊言』（同右）
『渡部昇一流・潜在意識成功法』（同右）
『渡部昇一　日本への申し送り事項　死後21時間、復活のメッセージ』（同右）
『渡部昇一　死後の生活を語る』（同右）
『ハマトンの霊言　現代に知的生活は成り立つか』（同右）

『人間にとって幸福とは何か――本多静六博士 スピリチュアル講義――』（同右）
『幸田露伴かく語りき』（同右）
『大恐慌時代を生き抜く知恵――松下幸之助の霊言――』（同右）
『黒川弘務検事長の本心に迫る』（同右）
『サミュエル・スマイルズ「現代的自助論」のヒント』（同右）
『幸福実現党に申し上げる――谷沢永一の霊言――』（大川隆法 著 幸福実現党刊）

渡部昇一《わたなべしょういち》
「天国《てんごく》での知《ち》的生活《てきせいかつ》」と「自助論《じじょろん》」を語《かた》る

2020年6月5日　初版第1刷

著　者　　大《おお》　川《かわ》　隆《りゅう》　法《ほう》

発行所　　幸福の科学出版株式会社

〒107-0052 東京都港区赤坂2丁目10番8号
TEL(03)5573-7700
https://www.irhpress.co.jp/

印刷・製本　株式会社 堀内印刷所

ISBN978-4-8233-0188-9 C0014

大川隆法 霊言シリーズ・評論家・言論人に訊く

渡部昇一 死後の生活を語る

霊になって半年の衝撃レポート

渡部昇一氏の霊が語るリアルな霊界の様子。地上と異なる「時間」「空間」、そして「価値観」──。あの世を信じたほうが、人は幸せになれる！

1,400円

渡部昇一 日本への申し送り事項

死後21時間、復活のメッセージ

「知的生活」の伝道師として、また「日本の誇りを取り戻せ」運動の旗手として活躍してきた「保守言論界の巨人」が、日本人に託した遺言。

1,400円

渡部昇一流・潜在意識成功法

「どうしたら英語ができるようになるのか」とともに

英語学の大家にして希代の評論家・渡部昇一氏の守護霊が語った「人生成功」と「英語上達」のポイント。「知的自己実現」の真髄がここにある。

1,600円

幸福実現党に申し上げる

谷沢永一の霊言

保守回帰の原動力となった幸福実現党の正論の意義を、評論家・谷沢永一氏が天上界から痛快に語る。驚愕の過去世も明らかに。【幸福実現党刊】

1,400円

※表示価格は本体価格（税別）です。

竹村健一の霊言 大逆転の時代 次の30年を語る

死後4日、人気評論家の竹村健一氏が世相を斬る！ 中国バブルの崩壊や中東問題、トランプの本質、メディアの未来などを解説し、常識の大逆転を大胆予測。

1,400円

外交評論家・岡崎久彦 ―後世に贈る言葉―

帰天3週間後、天上界からのメッセージ。中国崩壊のシナリオ、日米関係と日露外交など、日本の自由を守るために伝えておきたい「外交の指針」を語る。

1,400円

日下公人のスピリチュアル・メッセージ

現代のフランシス・ベーコンの知恵

「知は力なり」――。保守派の評論家・日下公人氏の守護霊が、今、日本が抱える難問を鋭く分析し、日本再生の秘訣を語る。

1,400円

長谷川慶太郎の霊言

霊界からの未来予言

国際エコノミスト・長谷川慶太郎氏の、死後3カ月の霊言。2020年以降の国際政治・経済・外交・軍事などを斬れ味鋭く語る。数々の過去世も明らかに――。

1,400円

大川隆法 霊言シリーズ・コロナ危機を乗り越えるために

釈尊の未来予言

新型コロナ危機の今と、その先をどう読むか──。「アジアの光」と呼ばれた釈尊が、答えなき混沌の時代に、世界の進むべき道筋と人類の未来を指し示す。

1,400円

天照大神《あまてらすおおみかみ》の御本心《ごほんしん》

「地球神」の霊流を引く
「太陽の女神」の憂いと願い

「太陽の女神」天照大神による、コロナ・パンデミックとその後についての霊言。国難が続く令和における、国民のあるべき姿、日本の果たすべき役割とは？

1,400円

P．F．ドラッカー「未来社会の指針を語る」

時代が要請する「危機のリーダー」とは？ 世界恐慌も経験した「マネジメントの父」ドラッカーが語る、「日本再浮上への提言」と「世界を救う処方箋」。

1,500円

大恐慌時代を生き抜く知恵

松下幸之助の霊言

政府に頼らず、自分の力でサバイバルせよ！ 幾多の試練をくぐり抜けた経営の神様が、コロナ不況からあなたを護り、会社を護るための知恵を語る。

1,500円

※表示価格は本体価格（税別）です。

大川隆法「法シリーズ」・**最新刊**

鋼鉄の法

法シリーズ
第26作

人生をしなやかに、力強く生きる

自分を鍛え抜き、迷いなき心で、闇を打ち破れ——。
人生の苦難から日本と世界が直面する難題まで、さまざまな試練を乗り越えるための方法が語られる。

2,000円

第１章　繁栄を招くための考え方
——マインドセット編

第２章　原因と結果の法則
——相応の努力なくして成功なし

第３章　高貴なる義務を果たすために
——価値を生んで他に貢献する「人」と「国」のつくり方

第４章　人生に自信を持て
——「心の王国」を築き、「世界の未来デザイン」を伝えよ

第５章　救世主の願い
——「世のために生き抜く」人生に目覚めるには

第６章　奇跡を起こす力
——透明な心、愛の実践、祈りで未来を拓け

幸福の科学の中心的な教え——「法シリーズ」

好評発売中！

幸福の科学出版

モナコ国際映画祭2020
最優秀作品賞
(エンジェル・トロフィー賞)
最優秀主演女優賞
最優秀助演女優賞
モナコ国際映画祭2020
最優秀VFX賞
最優秀長編物語賞
ロサンゼルス映画賞2020
最優秀長編物語賞
ロサンゼルス映画賞2020
最優秀原作賞
最優秀主演女優賞
フローレンス映画賞2020
最優秀長編作品賞
フローレンス映画賞2020
最優秀主演女優賞
ヒューストン
国際映画祭2020
長編ファンタジー・ホラー部門
ゴールド賞
最優秀作品賞
最優秀助演女優賞
ニューヨーク映画賞2020
最優秀長編作品賞
ニューヨーク映画賞2020
最優秀オリジナルソング賞
最優秀長編作品賞
イニロス映画賞2020
最優秀脚本賞
最優秀ポスター賞
最優秀長編作品賞
心の闇を、打ち破る。
心霊喫茶
「エクストラ」の秘密
—THE REAL EXORCIST—
製作総指揮・原作／大川隆法
千眼美子
伊良子未來 希島凛 日向丈 長谷川奈央 大浦龍宇一 芦川よしみ 折井あゆみ
監督／小田正鏡 脚本／大川咲也加 音楽／水澤有一 製作／幸福の科学出版 製作協力／ARI Production ニュースター・プロダクション
制作プロダクション／ジャンゴフィルム 配給／日活 配給協力／東京テアトル ©2020 IRH Press cafe-extra.jp
大ヒット上映中

1991年7月15日、東京ドーム。
人類史を変える「歴史的瞬間」が誕生した。
――これは、映画を超えた真実。
夜明けを信じて。
2020年秋 ROADSHOW
製作総指揮・原作 大川隆法
田中宏明 千眼美子 長谷川奈央 芦川よしみ 石橋保
監督／赤羽博 音楽／水澤有一 脚本／大川咲也加 製作／幸福の科学出版 製作協力／ARI Production ニュースター・プロダクション
制作プロダクション／ジャンゴフィルム 配給／日活 配給協力／東京テアトル ©2020 IRH Press
NIKKATSU

幸福の科学グループのご案内

宗教、教育、政治、出版などの活動を通じて、地球的ユートピアの実現を目指しています。

幸福の科学

一九八六年に立宗。信仰の対象は、地球系霊団の最高大霊、主エル・カンターレ。世界百カ国以上の国々に信者を持ち、全人類救済という尊い使命のもと、信者は、「愛」と「悟り」と「ユートピア建設」の教えの実践、伝道に励んでいます。

（二〇二〇年五月現在）

愛

幸福の科学の「愛」とは、与える愛です。これは、仏教の慈悲《じひ》や布施《ふせ》の精神と同じことです。信者は、仏法真理をお伝えすることを通して、多くの方に幸福な人生を送っていただくための活動に励んでいます。

悟り

「悟り」とは、自らが仏の子であることを知るということです。教学《きょうがく》や精神統一によって心を磨き、智慧《ちえ》を得て悩みを解決すると共に、天使・菩薩《ぼさつ》の境地を目指し、より多くの人を救える力を身につけていきます。

ユートピア建設

私たち人間は、地上に理想世界を建設するという尊い使命を持って生まれてきています。社会の悪を押しとどめ、善を推し進めるために、信者はさまざまな活動に積極的に参加しています。

国内外の世界で貧困や災害、心の病で苦しんでいる人々に対しては、現地メンバーや支援団体と連携して、物心両面にわたり、あらゆる手段で手を差し伸べています。

年間約２万人の自殺者を減らすため、全国各地で街頭キャンペーンを展開しています。

公式サイト **www.withyou-hs.net**

ヘレン・ケラーを理想として活動する、ハンディキャップを持つ方とボランティアの会です。視聴覚障害者、肢体不自由な方々に仏法真理を学んでいただくための、さまざまなサポートをしています。

公式サイト **www.helen-hs.net**

入会のご案内

幸福の科学では、大川隆法総裁が説く仏法真理《ぶっぽうしんり》をもとに、「どうすれば幸福になれるのか、また、他の人を幸福にできるのか」を学び、実践しています。

入会

仏法真理を学んでみたい方へ

大川隆法総裁の教えを信じ、学ぼうとする方なら、どなたでも入会できます。入会された方には、『入会版「正心法語《しょうしんほうご》」』が授与されます。

ネット入会 入会ご希望の方はネットからも入会できます。
happy-science.jp/joinus

三帰《さんき》誓願《せいがん》

信仰をさらに深めたい方へ

仏弟子としてさらに信仰を深めたい方は、仏《ぶっ》・法《ぽう》・僧《そう》の三宝《さんぼう》への帰依を誓う「三帰誓願式」を受けることができます。三帰誓願者には、『仏説・正心法語』『祈願文《きがんもん》①』『祈願文②』『エル・カンターレへの祈り』が授与されます。

幸福の科学 サービスセンター
TEL 03-5793-1727
受付時間／
火～金：10～20時
土・日祝：10～18時
（月曜を除く）

幸福の科学 公式サイト
happy-science.jp

仏法真理塾「サクセスNo.1」

全国に本校・拠点・支部校を展開する、幸福の科学による信仰教育の機関です。小学生・中学生・高校生を対象に、信仰教育・徳育にウエイトを置きつつ、将来、社会人として活躍するための学力養成にも力を注いでいます。

TEL 03-5750-0751（東京本校）

エンゼルプランV　TEL 03-5750-0757

幼少時からの心の教育を大切にして、信仰をベースにした幼児教育を行っています。

不登校児支援スクール「ネバー・マインド」　TEL 03-5750-1741

心の面からのアプローチを重視して、不登校の子供たちを支援しています。

ユー・アー・エンゼル！（あなたは天使！）運動

一般社団法人 ユー・アー・エンゼル　TEL 03-6426-7797

障害児の不安や悩みに取り組み、ご両親を励まし、勇気づける、
障害児支援のボランティア運動を展開しています。

NPO活動支援

いじめから子供を守ろうネットワーク

学校からのいじめ追放を目指し、さまざまな社会提言をしています。また、各地でのシンポジウムや学校への啓発ポスター掲示等に取り組む一般財団法人「いじめから子供を守ろうネットワーク」を支援しています。

公式サイト mamoro.org　ブログ blog.mamoro.org

相談窓口 TEL.03-5544-8989

百歳まで生きる会

「百歳まで生きる会」は、生涯現役人生を掲げ、友達づくり、生きがいづくりをめざしている幸福の科学のシニア信者の集まりです。

シニア・プラン21

生涯反省で人生を再生・新生し、希望に満ちた生涯現役人生を生きる仏法真理道場です。定期的に開催される研修には、年齢を問わず、多くの方が参加しています。全世界212カ所（国内197カ所、海外15カ所）で開校中。

【東京校】TEL 03-6384-0778　FAX 03-6384-0779
メール senior-plan@kofuku-no-kagaku.or.jp

幸福実現党

内憂外患《ないゆうがいかん》の国難に立ち向かうべく、2009年5月に幸福実現党を立党しました。創立者である大川隆法党総裁の精神的指導のもと、宗教だけでは解決できない問題に取り組み、幸福を具体化するための力になっています。

幸福実現党 釈量子サイト **shaku-ryoko.net**
Twitter **釈量子@shakuryokoで検索**

党の機関紙
「幸福実現党NEWS」

幸福実現党 党員募集中

あなたも幸福を実現する政治に参画しませんか。

○幸福実現党の理念と綱領、政策に賛同する18歳以上の方なら、どなたでも参加いただけます。
○党費:正党員(年額5千円[学生 年額2千円])、特別党員(年額10万円以上)、家族党員(年額2千円)
○党員資格は党費を入金された日から1年間です。
○正党員、特別党員の皆様には機関紙「幸福実現党NEWS(党員版)」(不定期発行)が送付されます。

＊申込書は、下記、幸福実現党公式サイトでダウンロードできます。
住所:〒107-0052 東京都港区赤坂2-10-8 6階 幸福実現党本部
TEL **03-6441-0754** FAX **03-6441-0764**
公式サイト **hr-party.jp**

幸福の科学出版

大川隆法総裁の仏法真理の書を中心に、ビジネス、自己啓発、小説など、さまざまなジャンルの書籍・雑誌を出版しています。他にも、映画事業、文学・学術発展のための振興事業、テレビ・ラジオ番組の提供など、幸福の科学文化を広げる事業を行っています。

アー・ユー・ハッピー?
are-you-happy.com

ザ・リバティ
the-liberty.com

幸福の科学出版
TEL **03-5573-7700**
公式サイト **irhpress.co.jp**

THE FACT

ザ・ファクト
マスコミが報道しない「事実」を世界に伝えるネット・オピニオン番組

ザ・ファクト 検索

NEW STAR PRODUCTION

ニュースター・プロダクション

「新時代の美」を創造する芸能プロダクションです。多くの方々に良き感化を与えられるような魅力あふれるタレントを世に送り出すべく、日々、活動しています。 公式サイト **newstarpro.co.jp**

ARI Production

ARI《アリ》 Production《プロダクション》

タレント一人ひとりの個性や魅力を引き出し、「新時代を創造するエンターテインメント」をコンセプトに、世の中に精神的価値のある作品を提供していく芸能プロダクションです。 公式サイト **aripro.co.jp**

大川隆法　講演会のご案内

大川隆法総裁の講演会が全国各地で開催されています。講演のなかでは、毎回、「世界教師」としての立場から、幸福な人生を生きるための心の教えをはじめ、世界各地で起きている宗教対立、紛争、国際政治や経済といった時事問題に対する指針など、日本と世界がさらなる繁栄の未来を実現するための道筋が示されています。

2019年12月17日 さいたまスーパーアリーナ「新しき繁栄の時代へ」

2019年10月6日 ザ ウェスティン ハーバーキャッスル トロント(カナダ)「The Reason We Are Here」

2019年7月5日 福岡国際センター「人生に自信を持て」

2019年3月3日 グランド ハイアット 台北(台湾)「愛は憎しみを超えて」

2019年7月13日 ホテル イースト21東京「幸福への論点」

講演会には、どなたでもご参加いただけます。
最新の講演会の開催情報はこちらへ。⟹

大川隆法総裁公式サイト
https://ryuho-okawa.org